─GIGAスクール構想で変える！─

1人1台端末時代の算数授業づくり

樋口 万太郎 著

明治図書

JN032713

はじめに

「自分が転勤して，１人１台端末がない環境になったら……」

そんなことを数年前から考えることがあります。

私は今の学校で採用されているので，基本的には転勤などはないですし，GIGA スクール構想によって，１人１台端末がない環境はほぼありません。はっきりといえることは，「１人１台端末がない環境には戻りたくない」ということです。

それほど「１人１台端末ありの授業」には，

・子どもが自分の考えを整理することができる

・子どもが自分の考えを深めることができる

・子どもが自分の考えを相手に伝えることができる

などの子どもの学びの速度があがるというメリットがあるからです。

でも，「１人１台端末ありの授業」が私自身スムーズに行えるようになるには，時間がかかりました。授業で自分の考えをみんなに発表する場では，「発表会のようになってはダメだ」と提案しておきながら，最初のころは単なる「発表会」になっていました。

本音では，算数が１番端末を授業に取り入れづらいと思っていました。しかし，試行錯誤をしていくなかで，「タブレット端末をどう使うのか」ではなく，「タブレット端末を使って授業をどう変えたいのか」という発想が大切であることに気づきました。本書では，この発想にいたるまでに考えてきたこと，さらに，この発想をもとに考えたこととして，

・なぜ算数授業で導入することが難しいと思ったのか

・算数授業における有効な使い方

・将来的な構想　　について書いていきます。

本書が読者のみなさまの算数授業を「１人１台端末ありの算数授業」にアップデートするための一助になることを願っております。

2021年８月　　　　　　　　　　　　　　　　樋口　万太郎

Contents

1章　GIGA スクール構想で変える！1人1台端末の算数授業づくり

3章 算数授業のここで使える！1人1台端末の有効な使い方

4章 子どもたちが考える！1人1台端末の算数授業　9つの利点

5章 実践！1人1台端末の算数授業 最新アイデア

1章

GIGA スクール構想で変える！
1人1台端末の
算数授業づくり

1

1人1台端末の算数授業モデル

　1章では，みなさんに1人1台端末の算数授業のイメージをもってもらうために，6年「場合の数」，5年「整数と小数」の2つの実践を紹介します。
　どちらの実践も2021年，専科という立場で取り組んだ実践です。

6年「場合の数」

1　問題を提示する

　1時間目に取り組んだ「ラッキーナンバー占い」ゲームという実践です。算数の授業開きで行いました。まずは問題を提示します。

> **1・3・5の3つの数を組み合わせて3桁の数を作ります。**
> （教師がこのあと提示する）ラッキーナンバーと同じであれば，ラッキーです。（数は何度使用してもよい）

　子どもたちに右の紙を配付し，自分が思いついた3桁の数を書き，黒板に貼っていきます。
　このとき，黒板にはランダムに，子どもたちに貼らせていきます。

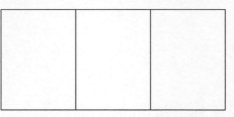

　貼っていくなかで，同じ数を近くに集めたり，整理したりしようとする子がいました。そのときに，「どうして○○さんは近くに集めていると思う？」「○○さん，整理しながら貼ってくれているよね。○○さんはどう整理しようとしているのかな」と子どもたちに問い返していきました。

2 問題を考える

　子どもたちのカードが出揃ったあとに，

> **「1・3・5でできる3桁のすべての数のなかで，真ん中の数がラッキーナンバーです」**

とラッキーナンバーを言いました。さらに，黒板のだいたい真ん中の位置にある数を指差し，「これがラッキーナンバーだよね」と惚けました。すると，子どもたちからは，「おかしい」「それではわからないよ」「場所の真ん中のことではないよ」といった声が聞こえてきました。
　「じゃあ，どうやって考えたらいいのかな」と聞きました。すると，「黒板に貼っているすべての数は全部の数には足りない」とつぶやいている子がいたので，「黒板に貼っている数は1・3・5でできる3桁のすべての数かな」と全体で聞いたところ，全員から「全部ではない」という返答が返ってきま

した。そこで，まずは「3つの数を組み合わせてできる3桁の数をすべて書き出そう」ということを確認したのちに，考える時間を設けました。

そして，考えていく途中で「全部で27通りあるよ」ということを子どもたちに伝えました。

このとき，ノートに1・3・5でできる3桁の数を書き出している子もいれば，タブレット端末上で1・3・5でできる3桁の数を書き出している子もいました。

3 全体で考えを交流する

全員が27通りをみつけることはできていませんでしたが，「まだ27通りみつけることができていない子もいるようだけど，全体で数を確認していくよ」と言い，子どもたちに1・3・5でできる数を発表させていきました。1人をあてたり，全員で声を揃えていったりしていきました。このとき，発表した数が子どもたちが書いたカードにあれば，そのカードを使用し，無い数のときには，私が書いていくという流れで行っていきました。

111→113→115……→355と聞いた段階で，

「どうして，みんなはすぐに3桁の数がわかるの？」

と聞きました。すると，
「百の位を固定したらわかりやすい」
「百の位は1からスタート，1がなくなったら3，3がなくなったら5」
「一の位は1→3→5の繰り返し」
「十の位は1→1→1，3→3→3，5→5→5の繰り返し」
「百の位が1のとき，数が9個あった」
といった27通りの1・3・5でできる3桁の数をみつけるための方法が多く出てきました。それを並べているカードに書き込んだりしながら，考えを共

有しました。

2で子どもたちが考えているときに、
「〇個足りない」
「なぜか同じ数がある」
「ぐちゃぐちゃ」
「バラバラで……」
などといったつぶやきが聞こえてきていました。そういったつぶやきが聞こえてくるたびに黒板に書いておきました。

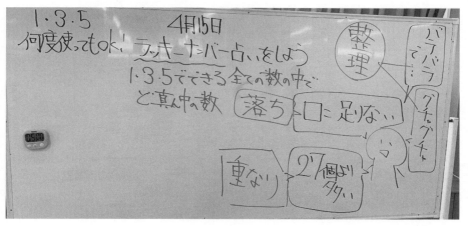

　そして、「バラバラ、ぐちゃぐちゃにならないようにこの単元では整理していくことが大切」ということを確認したのちに、
「同じ数があるということを算数の言葉で何というか知っているかな」
「〇個足りないということを算数の言葉で何というか知っているかな」
と聞きました。正解は出てきませんでしたが、不足、重複などといった言葉が子どもから出てきました。そこで、
「同じ数があるということを算数の言葉で重なりといいます」

「〇個足りないということを算数の言葉で落ちといいます」
というように，この単元で大切な用語を教えました。

　このように進めていくことで，子どもたちのなかに算数の言葉がストンっと落ちやすいです。

⑤　考えを振り返る

　授業の最後に，以下の「振り返りカード」を配付しました。子どもたちは文を打ち込んだ後，「提出箱」に提出しました。

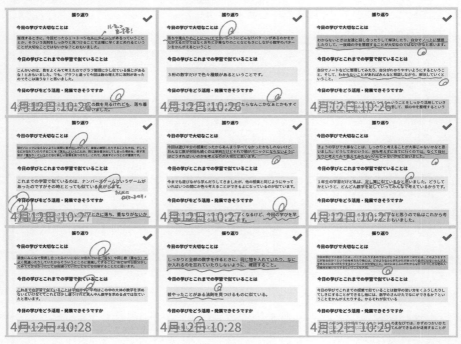

5年「整数と小数」 ··

1 問題を提示する

「整数と小数」の１時間目の授業です。以下の画像を提示し，

「これはある数を表したものです。この数は何でしょうか」

と言い，考える時間を設けました。子どもたちには以下のデータを送信しています。

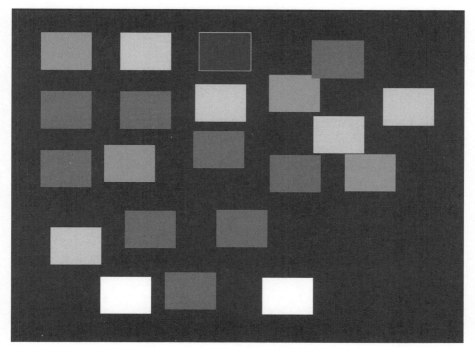

みえづらいと思いますが，この画像には，青色（■）のカードが4枚，白色（□）のカードが2枚，緑色（■）のカードが1枚，黄緑色（■）のカードが9枚，ピンク（■）のカードが5枚あります。このカードは動かすことができるため，子どもたちは動かしながら考えていました。

2 同じところや違うところをみつけよう

自分が思いついた数を書いたカードを子どもたちに提出させ，

> 「みんなはどのように考えたのかな。話し合って，自分の考えと友達の考えの同じところや違うところをみつけてみましょう」

と言い，話し合う時間を設けました。「同じところ，違うところはどこか」をベン図を使い，まとめていくようにもしました。

そして，全体の場で，「同じところ，違うところはどこか」について交流をしました。

3 なぜ42.195なのかを考えよう

ここで，

「実はこの数は42.195を表したものです」

と伝えました。「え〜!?」「どうして42.195」「小数はどこから!?」「あれ？　似ている」といった様々なつぶやきが聞こえてきました。子どもたちはなぜ42.195なのかを考え始めます。このとき，子どもたちは**2**で考えた「同じところ，違うところ」ということを関連づけながら考えています。

　子どもたちのなかには，送信したデータのカードを操作しながら考えている子が多くいました。ある子どもは以下のように分類・整理をしていました。

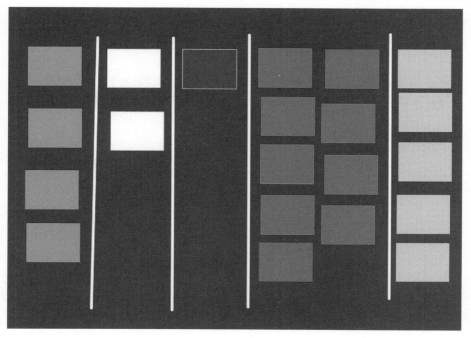

このように自分で分類・整理をすることで，

・青色のカードが「10」を表しており，それが４枚あるため40

・白色のカードが「１」を表しており，それが２枚あるため２

・緑色のカードが「0.1」を表しており，それが１枚あるため0.1

・黄緑色のカードが「0.01」を表しており，それが９枚あるため0.09

・ピンクのカードが「0.001」を表しており，それが５枚あるため0.005

　　合わせて42.195になる　ということがみえてきます。

　　子どもたちはタブレット端末上で自分たちの考えを表していました。

4　考えを共有しよう

　　タブレット端末上でカードを操作したり，書き込みをしたりしながら，全体で考え方を確認していきました。

　　さらに，考えの理解を確認するために，

どうして42.195になるのか３人に説明をしましょう。

という活動を行いました。

　　このとき，多くの子がタブレット端末を使い相手に説明していましたが，次ページの写真のように，教室前にある大型テレビを使い，考えを説明し合っている姿もありました。ノートに書いた自分の考えを説明している子もいました。

　　ここで，十進位取り記数法で表されていることを確認しました。最初，子どもが考えた数で１番多かったのが「95421」でした。これも十進位取り記数法を使って，表した数です。「考え方は同じ」ということを確認しました。整数と小数の数の仕組みを統合させていくというねらいもありました。

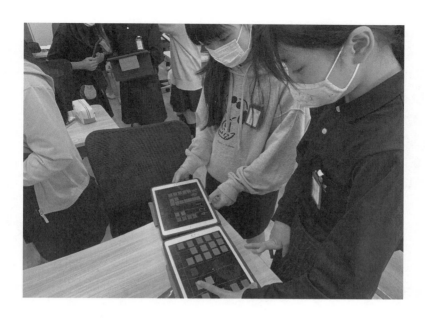

さらに，

「『10』が４つあるため40
『１』が２つあるため２
『0.1』が１つあるため0.1
『0.01』が９つあるため0.09
『0.001』が５つあるため0.005
という考えを言葉から式に変換するよ」

と言い，10×４＋１×２＋0.1×１＋0.01×９＋0.001×５という式になることをカードと関連づけていきました。

5 違う問題を考える

「この問題だとどうなるかな」

と言い，子どもたちに次ページのデータを配信し，考える時間を設けました。
　このカードでは，
・青色のカードが「10」を表しており，それが３枚あるため30
・白色のカードが「１」を表しており，それが２枚あるため２
・緑色のカードが「0.1」を表しており，それが１枚あるため0.1
・黄緑色のカードが「0.01」を表しており，それが５枚あるため0.05
　合わせて32.15になることや，式が10×３＋１×２＋0.1×１＋0.01×５になることを，この時間で使った「考え」を用いて考えました。

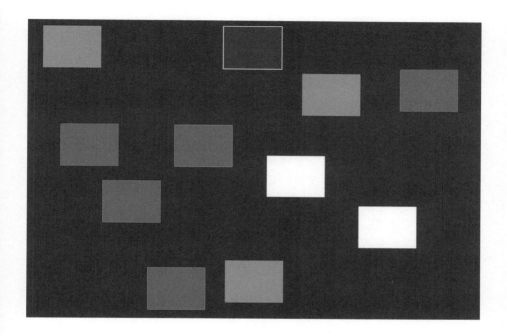

6 考えを振り返る

　授業の最後に，以下の「振り返りカード」を配付しました。子どもたちは文を打ち込んだ後，「提出箱」に提出しました。

振り返り	振り返り
今日の学びで大切なことは	**今日の学びで大切なことは**
小数（整数）は，10の位や0．1の位があります。それを式にできます。43．21の場合，10×4＋1×3＋0．1×2＋0．01×1という式に表すことができます。	10が何個あるか。1が何個あるか。0.1が何個あるかを考えること。
今日の学びとこれまでの学習で似ていることは	**今日の学びとこれまでの学習で似ていることは**
小数　億や万の大きな数	大きい数。
今日の学びをどう活用・発展できそうですか	**今日の学びをどう活用・発展できそうですか**

2 2本の授業モデルを徹底解説！

1 本校のタブレット端末環境

　本校は，2021年度から1〜5年生はiPad，6年生はメイン機として Chromebook を1人1台使用しています（iPad も使用することはできます）。それまでは，4・5・6年生で1人1台，3年生は学年で，1・2年生は2学年で調整しながら端末を使用していたという環境でした。

　6年生の子たちが2年生のときにタブレット端末が本格的に学校に導入され始めました。6年生の子たちは2〜5年生での4年間の経験があります。それ以外の学年の子たちは1年生からタブレット端末を使用している経験があります。

　また，タブレット端末が本格導入される前から，各教室に大型モニターや実物投影機があるといった環境でした。

　学習支援アプリとして，「ロイロノート・スクール」「Google Workspace」が導入されています。また，AI 型ドリルである「navima」を使用しています。学習支援アプリには，それぞれの特性があるため，学習内容に応じて，使い分けていることが大切だと考えています。

2 6年「場合の数」の実践解説

　2つの授業のどちらも，私が現在行っている1人1台端末の算数授業です。このように書くと，「1つ目の授業実践は全然タブレット端末を使ってないやーん‼」というツッコミが聞こえてきそうです。ただ，1つ目の授業実践はこれ以上にタブレット端末を使いようがないのです。

　1つ目の授業では子どもたちに，3桁の数を紙に書いてもらいました。こ

のあとの活動で，紙を動かしながら，すべての３桁の数を明らかにしていく活動がありますが，タブレット端末では，「全員のカードを黒板のように並べること」や「自由にカードを動かすこと」が難しいです。

　Google の Jamboard を使用すれば，全員のカードを揃えることができます。しかし，協働編集になるため，ねらいとは異なる活動になってしまう可能性があります。ロイロノート・スクールでも全員のカードを１枚のカード上に揃えることはできます。しかし，全員のカードを送り合ったりすることに時間がかかってしまうことで，授業の流れがスムーズではなくなります。その結果，授業のねらいを達成できなくなる可能性が出てきます。

　これらは現状のタブレット端末や学習支援アプリの性能の限界だと考えています。紙といったこれまでの教材・教具をこれからも十分に使うことができます。これは，２章に書いている「算数が１人１台端末の授業を行いづらい６つの理由」の１つ，「③アナログ教具がもうすでにある」に大きく関わっていることです。詳しくは，２章を読んでください（41ページ）。

　しかし，もし紙で行えることがタブレット端末上ですべて行えるのであれば，私はすべてタブレット端末で行います。この実践では，子どもたちが３桁の数を書くためのワークシートを用意しています。Ａ４用紙に２つ印刷をしたものを裁断機を使って，紙を切っています。おそらく準備をするのに，10分くらいはかかったように思います。しかし，タブレット端末の場合だとデータを学習支援アプリに取り入れるだけなので，データを作る時間を除けば，１分以内で準備ができます。10分から１分。タブレット端末を使うことは，準備面において時短術にもなります。

　この授業では，ノートやタブレット端末を子どもたち自身に選択させて，取り組ませていました。ノートに自分の考えを表現したい子はノートを使い，タブレット端末に自分の考えを表現したい子はタブレット端末を使っていました。さらに，タブレット端末を使い，友達に説明したり，全体の場で説明をしたりしている姿がありました。このように，１人１台タブレット端末の授業では，

▌「子どもたち自身が選択して，決める」

ということが大切になってきます。子どもたち自身が選択して決めるからこそ，自分ごとの学びになっていきます。これは，2章に書いている「算数が1人1台端末の授業を行いづらい6つの理由」の1つ，「④多様性を認めていない可能性」に大きく関わっていることです。詳しくは，2章を読んでください（47ページ）。

　タブレット端末の話題とは関係なく，なぜ答えである「27通り」を，考えている途中で言うのかと思われた方もいることでしょう。これは，2章に書いている「算数が1人1台端末の授業を行いづらい6つの理由」の1つ，「①絶対解という存在」に大きく関わっていることです。詳しくは，2章を読んでください（32ページ）。ここでのねらいは，「27通り」という絶対解を考える問題から，「27通りについて考える」という納得解の問題へと変えることでした。また，「落ち」「重なり」などといったつぶやきを子どもたちから引き出したいというねらいもありました。

▶3 5年「整数と小数」の実践解説

　2つ目の授業の実践は，教師が問題を提示するところや子どもたちが思考したりカードを動かしたりするところなど，タブレット端末を比較的多く使用しています。「1人1台タブレット端末の算数授業はこれこれ！」と思われたかもしれません。

　1人1台タブレット端末授業の熟練者にとっては，「もっとタブレット端末を使用するべきでは？」と思われるかもしれません。しかし，私には，これら2本の授業がベターだと考えています。

　この授業では，

▌「問題提示の場面」「考える場面」「共有する場面」「適用問題の場面」

でタブレット端末を使用しています。

　以前は，画像を大きな紙に印刷して黒板に掲示をしたり，ワークシートと

して子どもたちに配付をしたりしていました。その状況から，大型モニターで画像を提示したうえで，子どもたちにワークシートとして配付をするといった様子に変わりました。数年前までの教室内の ICT 活用といえば，「教師が提示する」ために多く使用されていました。

　先日，ある研究会に参加していました。そこで，1人1台端末が導入されて，どのように活用していってよいのか，悩んでいる方がいました。

　その悩まれている方に

・PowerPoint で教材を作成すればよい

・デジタル教科書を作ればよい

・算数授業の解説動画を作ればよい

とアドバイスされている方がいました。しかし，そのアドバイスでは，これまでの授業とそう変わりません。

　GIGA スクール構想が実現した1人1台タブレット端末の算数授業では，「子どもが使用する」というように，

▌「教師」という主語から「子ども」

に変わる使い方にならないといけません。

　タブレット端末の使い方として，プログラミング学習のときだけに使うとか，「データの活用」領域で，データを集めるときだけに使うとか，データをアプリを使い，表やグラフに表すときだけに使うといった使い方ではなく，普段の授業における「普段使い」が求められています（もちろん「データの活用」領域においては，上記のような使い方をしていくことは大切です）。「考える場面」「共有する場面」がそういった場面にあたります。

　本実践ではタブレット端末を使用していることで，大型モニターで画像を提示したうえで，子どもたちにその画像のデータを配信するという様子に変わります。すべてを紙で行っていたときに比べ，2段階もアップデートしています。このように2段階もアップしているということは，自分の授業観や算数授業の進め方をアップデートしないといけません。これらは，2章に書いている「算数が1人1台端末の授業を行いづらい6つの理由」の「⑤算数

授業の進め方」「⑥教師観が古い」に大きく関わっていることです。詳しくは，2章を読んでください（54，57ページ）。

　この時間の板書は，これだけでした。

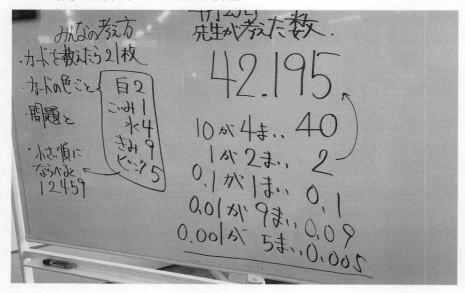

以前の私の板書です。

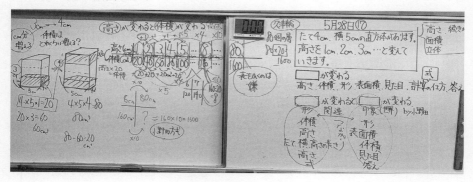

単元が違うので，直接の比較はできませんが，子どもたちのつぶやきを描いたり，色を変えて線を引いたり，考えと考えを関連づけたりしていました。これらは子どもたちの思考を促すために，大切にしてきたことです。

　もちろん，今もつぶやきを描いたり，色を変えて線を引いたりしているのですが，本実践ではタブレット端末上でカードを操作したり，書き込みをしたりしながら，考えを全体で共有していきました。これまで黒板上で紙を操作したり，実物投影機を使い手元の操作を映し出したりしてきた代わりをタブレット端末上で行っています。黒板上で紙を操作したり，実物投影機を使う手元の操作では，発表者と重なってしまったり，指やペンなどによってみえなかったり，文字が小さく１番後ろまでみえなかったりといったマイナスな部分がありました。

　しかし，タブレット端末を使用することで，大型モニターでみんなで１つのものをみるだけでなく，画面共有をすれば，自分たちの手元で考えの過程をみることもできます。そして，そこにこれまでのように話し合いが加わります。つまり，

▌「タブレット端末＋話し合い」

により，全体の共有の場がこれまで以上によりよいものとなります。

　全体の共有の場が上記のような場になった結果，よりシンプルな板書になっていきました。これは，２章に書いている「算数が１人１台端末の授業を行いづらい６つの理由」の１つ，「②算数には洗練された表現がある」に大きく関わっていることです。詳しくは，２章を読んでください（37ページ）。

　「ノートとタブレット端末の使い分けをどうしていますか」「板書とタブレット端末の使い分けをどうしていますか」という質問をよくされます（質問の答えの詳細は拙著『GIGA スクール構想で変える！１人１台端末時代の授業づくり』をお読みください）。簡単にいえば，

▌ノートや板書………静的

▌タブレット端末……動的

というイメージをもっていますが，明確な区別はありません。

私は,

｜ ノートや板書とタブレット端末の両方を使いこなす

という姿を目指しています。

４ ２つの実践を通して

　私たち教師は, ついつい「二項対立」で考えがちです。そういった思考を今すぐにでもアップデートをしないといけません。

　私は１人１台タブレット端末の算数授業を行うために,

｜ これまでに大切にしてきたこととタブレット端末を使い分けるといったハイブリッドの使い方

をすることがこれからは求められます。このように思えるようになるには長い道のりがあり, 時間がかかりました。

　そのために「算数が１人１台端末の授業を行いづらい」と思った理由を考えたこと, そしてタブレット端末を使った実践の経験を積んだことで, 上記のように考えることができるようになりました。

　それでは, ２章では私が「算数が１人１台端末の授業を行いづらい」と思っていた理由を説明していきます。あくまで, このように思っていたのは過去です。今では「算数でも十分使える！」と思っています。

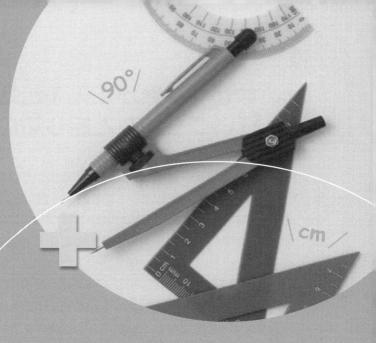

2章

算数が1人1台端末の授業を
行いづらい6つの理由

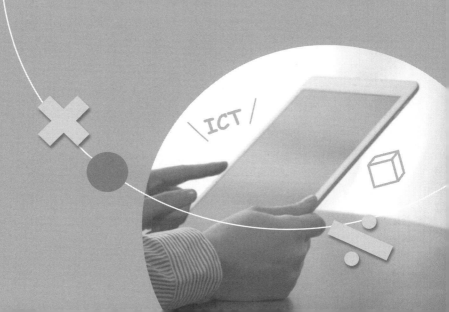

1 なぜ「算数が１人１台端末の授業を行いづらい」と感じるのか

　最初に，私とデジタルとの思い出について書いていきます。私は今年で教職17年目になります。

　タブレット端末に出会ったのは今から10年前でした。そして，その当時に出会ったアプリがロイロノート・スクールです。担当の方に学校に来ていただき，ロイロノートについての説明をしてもらいました。

　説明を聞いている段階から，どのようなことが授業で行えそうか，アイディアがどんどん出てきました。そして，授業に取り入れると授業が大きく変わる，こういった学習支援アプリがとても効果的だと思いました。しかし，算数にどのように取り入れてよいのか，アイディアが全く思い浮かびませんでした。アイディア自体はあったのですが，それを授業に取り入れると，**無理が出てくる，授業がスムーズに進まなくなる**ということが想像がついたため，別にあえて取り入れる必要がないと思っていました。

　もう少し過去の話をします。教職３年目，10年以上前のことです。この年に，教師用の１人１台パソコンが配付されました。自治体によっては，複数で１台の教師用パソコンを使用しないといけないというところもありました。私はこの年からパソコン（今と違って分厚く，重く……）を教室に持っていき，授業で活用することができるようになりました。授業中には，NHKの番組をみたり，PowerPoint を使って作成したスライドを使ったりしました。しかし，使う頻度はさほど多くなく，そして，算数で使用したことはほとんどありませんでした。

　私は昨年度６年生を担任していました。５年生から持ち上がった子たちでした。この子たちは５年生から１人１台タブレット端末が実現した状況で過ごしてきた子どもたちでした。私は附属小学校に勤務しています。研究教科である「算数」だけを授業していると思われがちですが，担任当時は担任の

専科制はまだなく，算数以外の国語，社会，理科などの授業も行っていました。そして，そのすべての科目において１人１台端末の授業を行っていました。算数以外の他教科での経験から，いつのまにか

▌算数が１人１台端末の授業を行いづらい教科

と考えるようになりました。

　「算数では，タブレット端末をうまく活用できません」というお悩みがよく聞かれますが，過去には「算数は１人１台端末の授業を行いづらい教科です。だから，その分，違う教科で活用していく機会を増やしていきましょう」と答えたこともあります。

　そこで，この章では，なぜ「算数が１人１台端末の授業を行いづらい」と私が考えていたのか，理由を明らかにします。私自身が機器のスキルが不足しているとか単純な話ではありません。これは教科としての特質があるからなのでしょうか。何が理由なのか，悩みつつも整理したところ，なぜ「算数が１人１台端末の授業を行いづらい」と感じるのかを

　①絶対解という存在
　②算数には洗練された表現がある
　③アナログ教具がもうすでにある
　④多様性を認めていない可能性
　⑤算数授業の進め方
　⑥教師観が古い

という６つの理由で整理することができました。この６つに整理したことで，算数科におけるタブレット端末の有効な使い方がみえてきました。

2

その① 絶対解という存在

1 納得解ではなく絶対解

　算数が１人１台端末の授業を行いづらい６つの理由の１つ目として，

┃ 算数は他教科と違い，絶対解の問題ばかり

だということ，「正解」という存在が理由にあげられます。

　絶対解の問題というのは，誰が答えても答えが同じになる問題のことです。例えば，２＋３＝５であり５以外の答えだと×になります。つまり，**正解のある問題**のことです。

　一方で，算数以外の教科，例えば国語の物語文だと絶対解よりも納得解を求めることになります。納得解の問題とは，

┃ 人それぞれ答えの異なる問題，正解のない問題

などのことです。人それぞれ答えの異なる，正解がない問題だからこそ，

┃ 自分自身や他者が納得できる解

を求めたくなります。

　昨年度，国語科６年物語文「海の命」の学習で，海の命の主題について考えました。自分たちが考えた主題をタブレット端末上で提出し，タブレット端末上で，それぞれの考えを見合うという活動を行いました。

　次ページの画像が，子どもたちが考えた主題になります。人それぞれ，主題が異なります。どの子も適当に考えたわけではなく，それまでの学習で考えてきたことや叙述をもとに考えていました。

　主題が異なっているということは，答えが異なるということです。答えが異なると，

「どの答えが正しいのか」

「どうしてその答えになるのか」

ということを自然と考えたくなるものです。海の命の学習でも，子どもたち
に教師が指示をしなくても，どうしてその主題なのかについて自然と話し合
いが起きました。それぞれの考えに対して納得するまで話し合うことで，自
分たちの考えを深めていっている姿がありました。

海の神秘(((とそれを取り巻く漁師などの人間))) 3月10日 11:13	海の命の大切さ 3月10日 11:13	・太一の夢が"一人前の漁師になる事"だった場合の主題 　→最後まで諦めない気持ちが大事 ・太一の夢が"クエに会う事"だった場合の主題 　→クエには会えたけど、クエを殺せなかったのは海のめぐみが大切だから。 3月10日 11:13
人と自然 3月10日 11:14	海の命と葛藤 3月10日 11:15	海や海の生き物や瀬の主や人間との関係 3月10日 11:15
命の大切さ・命への感謝(生物) 3月10日 11:16	命の大切さ・先人の教え 3月10日 11:16	生物同士(海、魚、人間)関係の考え方 3月10日 11:17

　話を算数に戻します。1年生で「2＋3はいくらになりますか」の答えを，
上記の国語のように提出するという活動を行ったとします。そのときの提出
箱は「5」という正解か，「5」以外の間違いになります。そして，その提
出箱を上記のように，全員が見合う活動をしたとします。そのときに子ども
たちは話をし始めるでしょうか。

　話をし始めたとしても，
「わたし正解！」「間違えている人がいるじゃん」
というように正解か不正解かという視点でしか子どもたちはみていません。

上記の国語のようにそれぞれの考えに対して納得するまで話し合うといった子どもの姿をみることはないでしょう。なぜなら,

｜「2＋3はいくらになりますか」という問題は,人それぞれ答えの異なる｜問題,正解のない問題ではない

からです。そして, 2＋3＝5とノートに書けばよく,別にタブレット端末を使う必要はありません。

　では,問題を変えます。2年「身の回りの三角や四角を探そう」という問題で,三角や四角を探し,探したものを写真に撮り,その写真を提出するという活動を行ったとします。

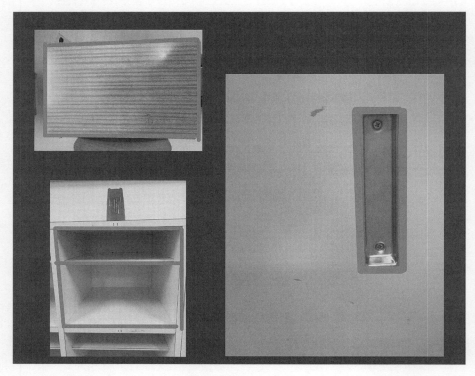

　子どもたちから提出されるものは異なります。そのため,他の子たちはどのようなものを提出しているのか,自分が探した四角以外にどのようなもの

があるのか，自分にはみつけることができなかった三角はどのようなものがあるのかなどと気になり，自然とお互いのものを見合ったり，話し合ったり，友達の考えをもとに，新たな考えを形成したりする姿をみることができるでしょう。この「身の回りの三角や四角を探そう」という問題は，

┃ 人それぞれ答えの異なる問題，正解のない問題

になります。この活動は決してノートで行うことはできません。タブレット端末を使わないとできない活動です。

　以上のことから1人1台端末の授業は，

┃ 人それぞれ答えの異なる問題，正解のない問題という納得解の問題のときに有効

だと考えています。しかし，算数の教科の特性として，納得解ではなく絶対解の問題の方が多いのも事実としてあります。

◆2　人に知られるということを恐れる

　「2＋3はいくらになりますか」という問題場面では，上記以外の発言として，

「え⁉　どうして○○さんは間違えているの？」

「こんな問題もできないの⁉」

といった心無い発言もあるかもしれません。

　これまでの算数授業を思い返してみてください。算数プリントの答え合わせをしているとき，一人ひとり答えを言っていくという活動を行ったことは誰しもあることでしょう。自分が小学生のときに，そのような活動を自分自身が行ったことがあることでしょう。

　答え合わせをしているとき，正解しているときはいいのですが，不正解のときにはなんともいえない雰囲気になります。みんなの視線が答えを間違えた子に集まります。メンタルが強い子は平気なのかもしれませんが，

「間違えて恥ずかしい……」

「間違えて，わたしのことをみんな馬鹿と思っていないかな……」

とマイナスなことを考えてしまう子がいます。もし私たちが職員会議で間違えた発言をしてしまったら，「恥ずかしい」と思いませんか。それと同じことです。子どもたちが恐れているのは，間違えること・わからないことではありません。

▌自分が間違えたこと・わからないことを人に知られる

ということを恐れています。

　もちろん，心無い発言をすることはダメなことです。これはこれまでの授業でも，そしてこれからの1人1台端末授業でも同様のことです。そして，その心無い発言が続くような環境では，安全・安心できる環境とはいえず，自分の考えを表現することをためらってしまいます。その結果，学びは深まりません。しかし，低学年の子どもたちは悪気もなく，言ってしまうこともあります。

　1人1台の端末授業は，これまで以上に子ども自身のアウトプットする量が増えます。アウトプットをするためには，これまでも大切にしてきた安全・安心できる環境をつくるということが大切になってきます。

　もちろん多様な考え・考え方は認めても，不正解を認めるわけにはいきません。かといって，正解・不正解のことばかりを話題にするような授業だと，子どもたちがギスギスしてしまうことにもなります。

　算数は「答え」よりも「考え」が大切だとこれまでもいわれ続けてきました。しかし，答えが正しいと，答えを導き出すまでの考え方も正しいことになります。答えが間違っていると，答えを導き出すまでの考え方は間違いになります。だから，考えが大事だといっても，「答え」，「絶対解」，「正解」という意識が子どもも教師も強いのでしょう。

　「答え」，「絶対解」，「正解」ということから無意識のうちに，私は算数が1人1台端末の授業を行いづらいと思ってしまっていたのでしょう。

3

その② 算数には洗練された表現がある

　算数が１人１台端末の授業を行いづらい６つの理由の２つ目として，「算数には洗練された表現がある」ということがあげられます。

$$(a＋5)×6÷2$$

と聞くとみなさんはどのようなことを考えるでしょうか。

　おそらく，台形の面積の公式「（上底＋下底）×高さ÷２」が思い浮かんだのではないでしょうか。さらに，式だけでなく上底はａ，下底は５，高さは６といった辺の長さの情報までわかります。今，私はタブレット端末を使用していません。（ａ＋５）×６÷２という活字，式だけです。しかし，みなさんはこの式から台形の面積を思い浮かべることができました。

　中原忠男氏は『算数・数学教育における構成的アプローチの研究』（1995）にて，算数の時間に子どもが行う表現として，次の５つの表現様式を提案しています。

----
　①現実的表現……実物を用いて，現実に即した操作や実験を行う表現
　②操作的表現……おはじきやブロックなどの半具体物を操作する表現
　③図的表現………絵，図，表，グラフなどによる表現
　④言語的表現……日常言語による表現
　⑤記号的表現……数・式などの算数で使う記号を中心とした表現

　上記の式は，⑤記号的表現にあたります。

この5つの表現は①から⑤にいくにつれて，具体的な表現から抽象的な表現へと変わっていくと位置づけられています。つまり，洗練された表現へとなっていきます。式という記号的表現が1番洗練されたものということです。式という洗練された表現だからこそ，式をみただけで，「台形の面積の公式」ということがわかります。洗練された表現というのは，洗練されているために，相手に伝わりやすいです。だから，黒板に前述の式を書き，「この式から何を思い浮かべますか」と聞けばよく，わざわざタブレット端末で提示をしたり，子どもたちにこの式を書いたカードをタブレット端末で送ったりするといった必要性は特にはありません。もし使用したのなら，算数授業がスムーズにならない可能性が出てきます。算数は，数・式などの算数で使う記号を多く使用する教科です。多く使用するからこそ，タブレット端末を使用する必要性はないと感じやすいと考えています。

　文章題の学習で，すぐに式に表すことができる子がいます。その子は，文章題から必要な情報を抜き出し，情報を組み立て，式へと表現することができています。学習によっては，授業者に「文章題から図，そして式」へと表現を変換させていきたいというねらいがあるときがあります。しかし，すぐ立式した子に「まず図を描いてみよう」と言っても，「え〜，めんどくさい」といった反応をすることがあります。

　この子は，自分の考えを式という記号的表現，1番洗練された表現で表すことができているため，図を表現したいという必要感をもちません。そういった関係性がこの5つの表現にはあります。

　さて話を戻します。最初に示した（a＋5）×6÷2の式のaに4を入れたとします。（4＋5）×6÷2という式は，実は台形ではなく，次ページの左の図のような2つの長方形を組み合わせて半分にしたものを表したものを考えていました。

　違う見方もできます。（4＋5）×6÷2を9×6÷2とみると三角形としてもみることができます（底辺が4cmと5cmの三角形が合体した形）。

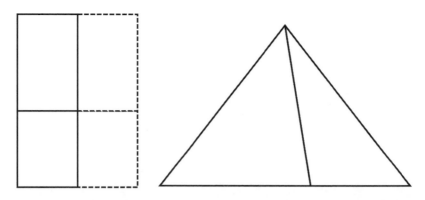

　他にも，ａや他の数値を変えることで，直角三角形，正三角形，二等辺三角形，正方形，長方形，平行四辺形，ひし形などのような図形の見方をすることができます。

▌記号的表現は解釈の自由度が高い

という一面もあるということです。

　細谷功氏は『具体と抽象—世界が変わって見える知性のしくみ』（2014）において，

- -
　抽象の特徴として，「解釈度の自由度が高くなる」，一方で，具体の特徴として「解釈度の自由度が低くなる」
- -

と述べています。これにあてはめると，①〜⑤に進むにつれて，抽象度が増していくため，解釈の自由度が増していくことで相手に伝わりやすいこともあれば，相手への伝わりにくさ，理解しにくさが増していくという矛盾した関係があります。

　中原忠男氏は「ある表現から他の表現へ変換できることが当該事項の理解を深めるし，表現力や問題解決力を高めることになる」と述べているように，大切なのは具体と抽象の行き来をすることです。これはこれまでの授業でも大切にされてきたことであり，これからも大切なことです。

タブレット端末は，学びをサポートするものです。1人1台の端末授業は，アウトプットをする量が増えます。だからこそ，抽象的な表現を，具体的な表現を，そして具体と抽象の行き来をサポートしていくために使用していくことができれば，タブレット端末のよさを教師も子どもも感じるでしょう。よりよくタブレット端末を使用した結果，自分の考えを整理するだけでなく，よりよい表現ができるようになったり，友達に自分の考えを伝えやすくなったりします。しかし，このような使い方に難しさがあることも事実です。

❷ タブレット端末独自な表現はあるのか

①現実的表現……実物を用いて，現実に即した操作や実験を行う表現

②操作的表現……おはじきやブロックなどの半具体物を操作する表現

③図的表現………絵，図，表，グラフなどによる表現

④言語的表現……日常言語による表現

⑤記号的表現……数・式などの算数で使う記号を中心とした表現

のなかで，タブレット端末だからこそできる表現があるのでしょうか。

　確かに，図，表，グラフなどはアプリを使用すると，紙ですることよりも便利です。しかし，①②は教材・教具を使用すればできます。②～⑤はこれまでの紙媒体でできてきたものです。だから，

┃ タブレット端末を導入しても，目新しさ，革新的なものはみえづらい

のです。90年代の大きなショルダー型の携帯電話から手のひらサイズのスマートフォンに変わるといった大きな革新的なものはありません。しかし，実際には大きな変化があります。

　十分，紙媒体でもできた・できる状況という考えが現在もあります。紙が高級なものになり，頻繁に紙を使用することができない状況であれば，誰もがタブレット端末を使用するのかもしれません。しかし，現実はそうではありません。これまでの算数授業でもなんとかなっていた。だから，1人1台端末がなくても授業を進めることができると考えてしまうのでしょう。

4 その③ アナログ教具がもうすでにある

1 デジタルではないアナログ教具という存在

　算数が1人1台端末の授業を行いづらい6つの理由の3つ目として，「アナログ教具がもうすでにある」ということがあげられます。

　算数科は他の教科に比べ，

・おはじき　・数え棒　・ブロック　・タイル

・お金の模型　・図形の模型　・時計の模型　・パターンブロック

・折れ線グラフ用黒板　・積み木　・ジオボード　・立体展開模型

・大型コンパス　・大型分度器

といったように，ここに書いた以外にも数多くの算数の教具（以下，アナログ教具とする）がすでにあります（本書では教材・教具を教授・学習を成立させる材料や道具として同一のものとして扱います。そのため，以降「教具」に統一しています）。

　画用紙1枚でも工夫することで教具になります。そこに6面の正方形を描き，切り取り，辺に接着剤を塗れば，それだけで立派な教具になります。理科では，ビーカーやガラス棒などの実験器具は身近にあるものではありません。領域によりますが，算数は身近にあるもので，教具を作ることもできます。

　教具は学習をサポートするツールです。これは

┃ タブレット端末と同じ役割

です。昔から教具があるということは，

┃ ・昔から子どもの思考を促すためのツールが必要だった

┃ ・昔から問題や言葉や式だけの表現ではすべての子が理解できない

とも考えることができます。アナログ教具は，学校の資料室や準備室などで

数多く存在しています。だから，

| アナログ教具を使えば，これまで通り算数の授業のサポートを行うことが
| できる

という発想から，思考を促すツールであるタブレット端末を使用する必要性
を感じないのかもしれません。

2 自分はできるのか

　タブレット端末ということが話題になる前から，パソコンやタブレットを
使った教具（以下，デジタル教具とする）はありました。パワポの達人!?と思
わせるくらいの PowerPoint のスキルを駆使し，教具を作成している方に
出会ったことがあります。その教具をみせてもらったときに「すげぇー」と
思わず言ってしまったこともあります。

　それと同時に，

| ・自分はそのような教具を作ることができるのか
| ・自分は作成するための時間をそんなにかけることができるのか

という，「自分はできるのか」という不安も同時に覚えました。

　2020年度，コロナによる休校期間中にも同様のことを思ったニュースがあ
りました。4月はじめに，オンライン授業を行うために，動画を作成したと
いうニュースがありました。その記事を読んでみると，「1本の動画を作成
するのに，4時間かかった」という内容が書いてありました。私は「子ども
たちのために熱心で素晴らしい先生集団だな」と思いました。その一方で，
「1本の動画を作るのに4時間もかかったのか……。それを毎日……。ぼく
には無理だ……」と正直に思いました。そして，「本当に継続して作ってい
くことができるのか」とその取り組みに疑問が湧きました。

　これは，オンライン授業で作成していたことだけではなく，デジタル教具
でも同様のことがいえます。デジタル教具を作りたいと思っていても，

| ・「自分にそのような教具を作ることができるのか」という自分のスキル

- ・「作成するための時間をそんなにかけることができるのか」という時間
- ・「本当に継続して作っていくことができるのか」という持続性

という問題があります。

　ネットを検索していると，有料から無料まで様々なデジタル教具をみつけることができます。以前，5年「面積」の学習で，様々な平行四辺形の面積の求め方を考える授業を行おうと考えているなかで，使えるデジタル教具がないか，探していました。

　しかし，よいデジタル教具はたくさんあるものの，

自分が使いたいものとちょっと違う

のです。みなさんは，そんな経験がありませんか。

　これはそのサイトにあったデジタル教具が悪いのではありません。そのサイトに投稿されている教具は，

- ・投稿されている方の願い
- ・授業者としての願い
- ・目の前の子どもたちにどんな力をつけてほしいのかといった願い

のもと作られています。しかし，そういった願いが全く一致することは，なかなかありません。なぜなら，目の前の子どもたち，そして先生が全く同じではないからです。だから，自分が求めるものは，自分で作るしかありません。それか妥協して使うしかありません。

　そこで，そのデジタル教具を自分で使いやすいように改良してみると……。前述のように自分のスキル不足で思っているものが作れず……。

　その結果，

デジタルではなくアナログで教具を作ろう

となってしまう方が多いのではないでしょうか。こういったことから，私も算数が1人1台端末の授業を行いづらいと思ってしまっていたのでしょう。

3　デジタルの限界

　デジタル教具に限界はあります。これまでにあったアナログ教具がすべてデジタル教具に置き換えられるとは思っていません。もし今すべてをアナログからデジタルへ作り直しているのであれば，今すぐやめるべきです。

　タブレット端末の性能やデジタル教具は，アナログ教具をすべての面で超えたわけではありません。例えば，国語の新出漢字を覚えるために，タブレット端末上で漢字練習させることに抵抗がある先生は多いでしょう。タブレット端末よりも，これまでのようにノートに鉛筆やシャーペンを使って，練習をさせた方がよいと思うことでしょう。なぜ，そのように思うのでしょうか。漢字を覚えるだけなら，タブレット端末でもよいはずです。しかし，トメ・ハネや漢字の型をしっかり意識させ取り組ませるためには，デジタル教具よりもアナログ教具と考えていることでしょう。この感覚を大切にすればよいと考えています。

4　デジタル上での操作

　本書を書いている段階で，2024年度に学校で導入するデジタル教科書の活用方法について，当面は紙の教科書と併用する方針を固めたといったニュースが流れてきました。個人的にはがっかりしました。思い切って，デジタル教科書に移行すればよいと考えていますが，もちろんできること・できないことがあります。

　デジタル教科書には，ボタン1つで，ブロックを取り出して，そのブロックを操作することができたり，ボタン1つで展開図が自動で動いて立体になったり，逆に立体から展開図になったりするといったデジタル教具があります。しかし，こういったデジタル教具は要注意です。

　アナログ教具「画用紙1枚から6面に切り取られ，辺に接着剤が塗られた正方形を6面くっつけあわせ，立体にする」と，

デジタル教具「ボタン１つで展開図が自動で動いて立体になる」
では，平面から立体といった同じ活動をしているようで，大きな違いがあります。辺の長さや展開図が同じであっても，別物です。

　画面上に表示される表現物は擬似立体です。つまり，子どもたちは念頭操作をしていることになります。

　算数科の操作活動は具体的操作と念頭操作に分けることができます。

・具体的操作とは，具体物を操作する

・念頭操作とは，頭の中に対象とする事柄のイメージを思い描いて操作する

というものです。具体的操作は低〜中学年，念頭操作は中〜高学年といったイメージや，学力がしんどい子たちは具体的操作に取り組ませたいといったイメージをみなさんもおもちでしょう。

　ピアジェの有名な理論である「思考発達段階説」という４つの段階を，小学校の各学年にあてはめてみると，

第１期：感覚運動期（０〜２歳）

第２期：前操作期（２〜７歳）…………１年生

第３期：具体的操作期（７〜11歳）……２・３・４・５年生

第４期：形式的操作期（11歳以降）……６年生

と低・中・高学年に分けることができます。

　数と計算領域においても，低学年では整数の世界だったのが，学年が上がるにつれて，分数，小数の世界に変わっていくといったように具体からだんだんと抽象的になっていきます。

　ピアジェの発達段階説では７〜11歳は具体的操作期とされ，具体的操作期の子どもの思考は具体物を介して行われるとされています。記号操作などの抽象的思考はその後の形式的操作期で可能になるといわれています。

　このように期が分かれていますが，具体的操作期に抽象的な思考，念頭操作を全くしなくてよいというわけではありません。念頭操作をしていく経験を積むことで，しっかりと念頭操作をすることができるようになります。

　このように考えると，どちらかといえば１・２年生のうちは具体的操作が

できるアナログ教具がよかったり，量や図形といった念頭操作で考えづらい
ことはアナログ教具の方がよいというようにも考えることができます。

　同じようにみえる41～42ページで書いたアナログ教具とデジタル教具でも，
**具体的操作を優先させたいときに，念頭操作を優先させるデジタル教具を
与えてしまうということは，子どもたちの学びを妨げてしまう可能性があ
る**
ということがいえます。使い分けをしないといけません。

　アナログ教具の存在，操作などによって，算数が１人１台端末の授業を行
いづらいと思ってしまっていたのでしょう。

　ただ，だからといって低学年のうちはデジタル教具を全く使わない方がよ
いということにはなりません。このあとにも書きますが，こういった二項対
立の考え方はやめた方がよいです。

5

その④ 多様性を認めていない可能性

1 多様な考え

　算数が１人１台端末の授業を行いづらい６つの理由の４つ目として，「多様性を認めていない可能性」があげられます。

> 算数という教科は答えを求めることは大事だけど，それと同じくらい
> 多様な考え・考え方，結果よりも過程を大切にしていくことが大切

ということをみなさんも１度は言ったことがあるのではないでしょうか。私もよく言います。

　冒頭に紹介した６年「場合の数」の第２次では，「組み合わせ」の学習として，次のような問題に取り組みました。

> Ａ，Ｂ，Ｃ，Ｄという４チームがいます。
> □チームで，綱引き勝負をしています。何試合行われるでしょうか。

　子どもたちから
「綱引きって，３チーム，４チームでするの!?」
「綱引きって，運動会で２チームでするよね」
「バラエティー番組で３チームでしているのみたことあるよ」
「３チームや４チームでするの，楽しそうだよね」
といったつぶやきが聞こえてきたので，その間に黒板に２，３，４と書いておきました。そして，
「じゃあ，最初は何チームの場合から考える？」
と言い，まずは多くの子どもたちから出た「４チーム」から考え，その次に，「２チーム」の場合を考えました。

「できた‼」という声が子どもたちからすぐに出てきました。「どうして，すぐにできたの？」と聞いたところ，「式でできた」という返答がありました。子どもたちのなかには，先行学習で式による求め方を知っている子もいます。「4C2」という方法を知っている子もいます。立式できる子は，他の考えに興味をもたない傾向があります。「他の考えを考えてごらん」と言っても，多くの子は考えないことでしょう。だから，

①まだ考えはあるから考えてみましょう。登山をイメージしてください。確かに，答えという登頂は1つかもしれません。でも，答えに辿り着くまでのルート（考え方）は1つだけでなく，いくつもあります。違う問題のとき，1つだけしかルートがないと，そのルートで困ってしまったとき，もう立ち向かうことができなくなります。
　でも，いくつか違うルートを持っていると，その違うルートからアプローチすることができます。
　さぁ，いくつかのルートを持てるようにしましょう。

と，

②式と図や言葉を関連づけることができたとき，しっかりと理解することができています。

という2つの話をして，多様な考えを考える必要感について子どもたちに説明しました。こう説明すると，立式をして満足していた子も，他の考え方はないか考え始めます。
　上記のように，子どもたちは多様な考え・考え方をしないことが多くあります。なぜなのでしょうか。理由の1つは，前述の「絶対解」という存在です。そして，教師が「多様性を認めていない」ということが原因ではないかと考えています。

2 多様な考え，表現の仕方になっている⁉

　この「多様な考え」「多様な表現」が，授業において本当に多様になっているのでしょうか。「多様」とは，いくつぐらいあるとイメージしますか。私が主催している LINE グループで質問をしてみたところ，

　3個……18人　4個……4人　5個……5人　それ以上……21人

という結果になりました。3個以下はありませんでした。余談ですが，きまりを発見するためには，最低でも3つの情報が必要ということを子どもたちに伝えます。情報が3つあることでしっかり比較することができ，比較することで特徴を見出し，見出した特徴を言葉でまとめることができます。

　つまり，一般化することができます。また，図形領域で大切な

▌「比較」→「抽象」→「概括」という概念を形成することができる

ということです。

　話を戻します。例えば，「2＋3の計算の仕方を考えよう」という課題があったとします。ここでの考え方は，

「○が2つ，○が3つあります。合わせると（もしくはくわえると）○が5つになります」

という「○がいくつ分」という考え方（単位の考え）になります。この考え方は小数や分数の四則計算における計算の仕方を考える学習，面積や体積などの学習でも使います。

　なお，考え方については片桐重男氏が『数学的な考え方の具体化』（1988）にて，数学の内容に関係した数学的な考え方として提案している，

- -
　①単位の考え　②表現の考え　③操作の考え　④アルゴリズムの考え
　⑤概括的把握の考え　⑥基本的性質の考え　⑦関数的な考え
　⑧式についての考え
- -

という8つの提案がとても参考になります。

このような考え方を本書では「算数の考え方」とよぶことにします。

この「算数の考え方」をもとに考え，表現する方法として

・ブロックで考える

・絵を描いて考える

・指を使って考える

といった具体物・半具体物を使った方法が3通りあったとします。これを「表現方法」とよぶことにします。

同じ「算数の考え方」だけれども，表現する方法が異なっていることがあります。案外，子どもたちは方法が違っていると，同じ「算数の考え方」だけれども同じと感じづらい場合があります。

「算数の考え方」×「表現方法」で出てくる分を，多様な考えと本書では定義します。このように考えると，上記の場合は「1」×「3」の3通りになります。

しかし，教師が「ブロックで考えよう」と限定をすると，「1」×「1」の1通りになってしまいます。1通りでは多様な考え，表現とはいいません。

前述のようにタブレット端末を使うと，アウトプットする量が増えます。しかし，実際には多様な考えや表現をしていない環境があるのではないかと考えています。

もちろん子どもたちは最初から多様な表現ができるわけではありません。表現の仕方は教師が教えないといけません。そして，その表現を使わせないといけません。しかし，そこの指導で止まってしまっている場合がとても多いです。そこでストップをするのではなく，

①表現（の仕方）を教える

②表現（の仕方）を使わせる

③表現（の仕方）を選択させる

の③まで取り組ませる必要があります。

国語科「海の命」の学習で、「なぜ太一は瀬の主を殺さなかったのか」について、それぞれの考えを提出した場面の様子です。

2月24日 11:40	2月24日 11:41	2月24日 11:41	2月24日 11:42
クエの態度を見て、不意に父の面影が脳裏に浮かんだから。自分の中で殺そうと考えていたが、殺したら海の命がなくなってしまうと考えたから。あまりにも瀬の主が穏やかなので自分も穏やかになったから。	p222 12行目 海に帰りましたか。与吉じいさ、心から感謝しています。→海を思う心が海に映ると考えた。父の魂とクエを重ねた。 p228 5行目 瀬の主は全く動こうとせず →父とクエが弱っていることを表している。 p228 11行目 太一は泣きそうに →与吉じいさに「村一番の漁師」と言われた。しっかり生きて父や与吉じいさに伝える。	太一は、父が殺されてからクエに対して憎しみを抱いていたが、クエの穏やかな目を見て「その憎しみはクエに当てるものではない」と父に言われた気がして、我に帰ったから。泣きそうになったのは、父を破った瀬の主をいざ目の前にして、今までの憎しみや悲しみが湧き出てきて、無理かもしれないという不安に襲われたから。	穏やかな目だったというのは、父の目に似ていたから父のようになりたいけど自分がクエも仕留められないからないから
2月24日 11:44 ふと我に返って、お父と与吉爺さんの教えなどがあるのにめぐみなどに感謝することなくただただ殺意に満ちて殺そうとしているということに気付いて、まだまだだなと思った。	**2月24日 11:45** 〈予想〉 クエを見た瞬間、「こいつはこの海の命だ＝海の命は殺せない」と悟った？	**2月24日 11:44** 太一は海の命(クエ)をとることによって本当の一人前の漁師になれる。お父と与吉じいさの考えによって、殺すことができなかった。(海の命だから)だからこのクエをお父と例えて、殺さなかった。 死＝海へ戻る	**2月24日 11:44** おとうの考え方と似ているから与吉じいさに弟子入りをして、死んだおとうの考え方を探って、「海の命(海のめぐみ)」の大切さがわかったから。 泣きそうになる →おとうを破ったクエがいたから悲しみがあって、殺したいとは思っているけど、与吉じいさとおとうの考え方「海の恵みを大切に」で殺さないでおこうと思って、今、自分の気持ちがわからなくなったから。
村一番のもぐり漁師を破った瀬の主のためにずっともぐり続けていたんだから、ここで瀬の主を殺してしまったらもうこの海には入りないかもしれない。この瀬の主はお父さんが海の命を守ってくれたのかもしれない。でも、このぐらい大きな魚を獲らなければ本当の一人前の漁師にはなれない ↓泣きそうになる お父さんの教えの「海のめぐみだからなぁ」を思い出し、この瀬の主を殺してしまったら海の命の手で殺してしまうかもしれない ↓ほぼ決める お父さんの考え方を思い出してほほえみながら瀬の主を…	おとう、ここにおられたのですか。っていうことは復讐じゃなくって父に会いたかった。どこかで父が魚に変わってるかもと思ってたのかもしれない。泣いている理由は父に会いたいという感動か、殺したくないと一人前の漁師にはなれないが殺したくないという思いか	**2月24日 11:46** 父が太一を一人前の漁師にさせるためにわざと瀬の主は動かないでいてそれを知った父が泣きそうになった	**2月24日 11:46** 母の悲しみを背負ってまで、クエを殺さなくていい。お父さんも、一人前だったのに、クエに敗れた為、お父さんは、一人前ではなかった？そのため、このクエを倒さないと一人前になれない。その為泣く？

よくみてみると、確かに同じ内容のことを書いている子は多くいましたが、その書き振りは全然違います。表現する方法が違っていると、同じと感じづらいと前述したように、この画面をみたときに、子どもたちはクラス全員の36通りの考えがあると思っている子もいるかもしれません。36通りもあると、子どもたちは内容を読み、分類・整理をし始めます。

一方で、算数では洗練された表現や考え方が絞られるため、36通りの多様な考えにはならないことでしょう。36個の考えがあったとしても、ある程度、分類・整理しながら、子どもたちはみることでしょう。

「算数の考え方」×「表現方法」により多様なものが数多く出てきます。多様な考えを子どもたちから出させることの重要性には、誰もが気づいています。しかし、子どもたちから多様な考えが出てきたときに、

・どのようにそれらの考えを扱ってよいのか

▌・どのように全体の場で活かしていくのか
▌・多様な考えを出させすぎたことで本時の目標を達成できなかった
ということに悩んでいる先生は多くいます。

　そのため，多様な考えを出させたものの教師の方で精査をしたり，講義型の授業の形式になったり，そもそも多様な考えが出ないようにしたりと，教師の方が無意識に制限をしてしまったりする現状があります。ここまでに，１人１台端末の授業は，アウトプットする量が増えると書いてきました。つまり，１人１台端末の授業は「表現方法」や「表現する量」が増えます。制限をしている人にとっては，タブレット端末が厄介者になるのでしょう。

　古藤怜氏は『算数科多様な考えの生かし方まとめ方』（1990）にて，多様性には，次のものがあると提案しています。

　独立的な多様性…………それぞれの考えの妥当性に着目して練り上げる
　序列化可能な多様性……それぞれの考えの効率性に着目して練り上げる
　統合化可能な多様性……それぞれの考えの共通性に着目して練り上げる
　構造化可能な多様性……それぞれの考えの相互関係に着目して練り上げる

　多様な考えがあるとき，どう着目すれば話し合いが終着していくのかを考えていくことができます。このような視点を教師の方がもっておくだけで，前述のような悩みは少しは解消されることでしょう。

　「そんな簡単にいって，難しいよ!!!」という読者のみなさまの声が聞こえてきそうです。授業前に，子どもたちからどのような考えが出てくるのかを予想しておき，授業を考えておく……。

　こう書いておきながら，私自身も練り上げ場面で，子どもたちの多様な考えをどのように組み立てていくのか，頭をフル回転させながら，毎時間考えています。

　前書『GIGAスクール構想で変える！１人１台端末時代の授業づくり2』で，「シンキングツール映え」問題ということを書きました。多様な考えを

出させて，授業が終わりでは，シンキングツール映え問題になっています。多様な考えが出てきてからが，「算数授業のスタート」だと考えています。そのために，しっかりとした「教材研究」が必要になってきます。

　どれだけ教材研究をして，よし，いけそう！と思っても，予想外の考えが出てくることもあります。だから，子どもたちから出てくる考えを楽しむしかありません。わからない考えのときは，教師含めみんなで考えていくしかありません。完璧な存在としての教師，リーダーシップだけの教師，自分の言っていることが正しいと考える頑固な教師から脱却しないといけません。

　みなさん，学校から家に帰るまでは何をして過ごしていますか。小説を読んだり，音楽を聴いたり，YouTubeをみたり，教材研究をしたりと多様な過ごし方があります。どの過ごし方にしても，「時間を有効に使いたい」「暇つぶし」といった目的があることでしょう。過ごし方はどれも，みなさん自身が選択し，決定したものです。

　しかし，これからはYouTubeをみなさいと限定されたらどうでしょうか。「なぜ決められないといけないんだ」「自分たちで選択させてよ」などと思うことでしょう。

　授業で，このように子どもたちが感じている場合があることでしょう。このようなことを何度も繰り返していくと，子どもたち自身も多様性を認めないようになっていくのかもしれません。

　これからの算数授業は「子どもが選択し，実行する」授業だと私は考えています。

6

 # その⑤ 算数授業の進め方

算数授業の進め方を再考せよ

　算数が１人１台端末の授業を行いづらい６つの理由の５つ目として，「算数授業の進め方」があげられます。算数の授業の進め方として一般的な進め方が，以下のような問題解決型学習の進め方です。

①問題提示　→　②課題把握（めあて）　→　③自力解決　→　④練り上げ　→　⑤まとめ（振り返り）　→　⑥適用問題

といった１時間の算数授業の進め方です。

　以前の私は，算数授業を１時間でもこの進め方で進めないといけないと考えていました。計算練習のときも，この進め方でないといけないと本気で思っていました。問題解決型学習の進め方でないといけないという発想によって，算数が１人１台端末の授業を行いづらいと思ってしまっていたのです。

　今回の学習指導要領では，算数・数学の学習過程のイメージ（次ページを参照）が示されています。イメージと書いているように，常にこのサイクルではないということがわかります。そして，今回の学習指導要領では，単元を通しての学習過程として，

- -

　・疑問や問いの気づき　　・問題の設定　　・問題の理解，解決の計画

　・解決の実行　　・解決したことの検討　　・解決過程や結果の振り返り

　・新たな疑問や問いの気づき

- -

とあります。

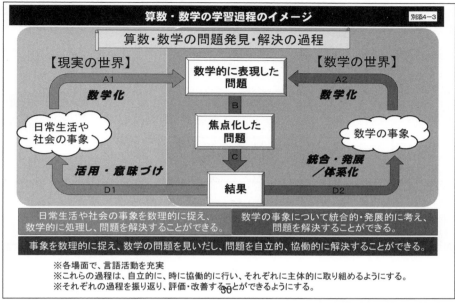

（幼稚園，小学校，中学校，高等学校及び特別支援学校の学習指導要領等の改善及び必要な方策等について
（答申）別添資料４－３より）

　このサイクルは１時間ではなく，単元を通して，何度もグルグル回していくことが大切です。１時間で回すのでなければ，

▌ A1（A2）→B→Cで終わり，次の時間に続きとして，D1（もしくはD2）
とサイクルを回すようにしてもよいのです。もっといえば，

▌ A1（A2）→Bで１時間終わり，C→D1（もしくはD2）
というような授業構成でも構いません。もちろん，

▌ １時間のうちに１周サイクルを回しても構いません。

　４年「複合図形の面積」の学習では，

①問題提示

②課題把握（めあて）：「今日のめあてです。工
　夫して面積を求めましょう」

③自力解決

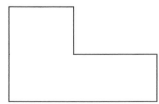

④練り上げ

⑤まとめ（振り返り）

⑥適用問題

といった流れで行われる展開が多くあります。

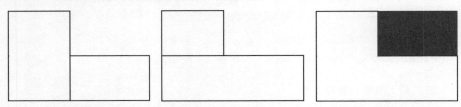

　子どもたちから3つの考え方が出てきたとします。

　この授業だと、3つの考え方を共有するところまでを1時間で行い、次の授業を、D1（もしくはD2）とこのサイクルからスタートするといった授業展開でも構いません。そういった授業を行うためには、単元単位で考えていかないといけません。そうでないと、ただ1時間内に、授業が終わらなかっただけになり、時数を大幅に超えてしまうことになります。

　1人1台端末の授業づくりは、この「単元単位」で考えていくことが大切です。1時間の授業が問題解決型学習の進め方できれいに完結しないかもしれません。しかし、1人1台端末の授業では完結するときもあれば、完結しないときもあるという発想が大切になってきます。問題解決型学習を否定しているわけではありません。否定するとしたら、絶対に「〇〇スタンダード通りにしなさい」「順番通りにしなさい」ということを言われたり、上から指示されたりすることです。それでは、1人1台端末の授業からは遅れていくことでしょう。

　授業を単元単位で考えていくことが大切だという話は、これまでもされてきたことです。しかし、研究授業でみせる授業は1時間。参観授業も1時間、誰かにみせる授業は基本的には1時間。理科や図工などと違い、時間割が2時間連続で行われることは基本的にはありません。そんな考えから、単元で算数授業を考えていくという意識が少なくなっているのかもしれません。

7

その⑥　教師観が古い

1　アップデートしていますか

　算数が1人1台端末の授業を行いづらい6つの理由の最後の理由として，「教師観が古い」ということがあげられます。私は1人1台端末の授業についての原稿を数多く書いてきました。しかし，算数の実践はあまり発信してきませんでした。

▍ 1人1台端末がなくても授業を進めることができる

という思いが，以前の私にはありました。例えば，筆算の練習はノートで行うことができます。図形を描くのもノートでできます。むしろ，タブレット端末では実物のコンパスを使用することができないため，タブレット端末よりもノートの方が適しています。教科書をみると，折れ線グラフや棒グラフを描くためのグラフや表が載っています。このように書くと，

・1人1台端末は必要でない

・他教科で使用すればよい

と思われるかもしれません。しかし，私のような発想ではなく，

▍ 1人1台端末を使うと学びが加速する。だから，使用していくべきだ

という発想に変換しないといけません。

　今回の小学校学習指導要領「総則」に，「プログラミングを体験しながら，コンピュータに意図した処理を行わせるために必要な論理的思考力を身に付けるための学習活動」の充実が盛り込まれました。

　数年前，算数科においてもプログラミング教育を行わないといけないという情報を聞いた私は，

「どうして算数でプログラミング教育をしないといけないんだ」

「算数のどこでするんだよ」

といったマイナスな思考でいっぱいでした。この思考こそが，アップデートできていない証拠です。

「プログラミング教育をどう算数で行っていこうか」
と建設的に考えていくことがアップデートされた考え方です。

「タブレット端末を子どもたちに渡すと子どもたちが授業と関係ないことをする。タブレット端末なんか必要ではない」
と言われる方に出会うことがあります。拙著『GIGA スクール構想で変える！1人1台端末時代の授業づくり』でも書いたように，子どもたちがなぜ授業と関係ないことをしてしまうか，理由は簡単です。それは，授業がつまらないからです。それを受け入れましょう。受け入れることが，アップデートの第一歩です。

だからといって，授業がつまらないことから脱却するために，子どもの興味を引くような，おもしろい工夫をするのではありません。問題に出てくるものを子どもたちの間で現在流行しているものに置き換えたり，キャラクターの名前を登場させたりするのではありません。紙に書かれた答えを小さい順に並び替え，その紙を裏返すと「○年△組よくがんばりました！」といったメッセージになっているといった教科の本質とかけ離れたものではありません。もちろん，授業中に教師がおもしろいことを言うことも違います。

大切なことは，**自分ごとの学び**になっているかどうかです。自分ごとの学びになっていないから，授業がつまらないのです。

２ 二項対立

拙著『GIGA スクール構想で変える！1人1台端末時代の授業づくり』においても，「二項対立問題」として書きましたが，「はい」か「いいえ」か，「○」か「×」か，「100」か「0」かで考えることができるほど教育界は簡単なものではありません。

■ **私にとっては「正解」でも，違う人にとっては「不正解」**

ということもあります。自分が思っていることがすべて正解だと思うと，周りがみえなくなります。周りがみえないからそう思うのか，そう思うから周りがみえなくなるかはどちらの面もあると考えています。

　20代のころの私は，まさに二項対立の考えで物事を考えていました。自分の行っていることが正しく，周りが行っていることは間違いだとすら思っている時期もありました。今となっては恥ずかしい話ですが，その当時の私は算数授業に，根拠のない自信をもっていました。そして，計算ができない，作図できない，考えることができない子たちに対して，前年度の担任のせいにしたり，保護者のせいにしたり，子ども自身のせいにしたりしてきました。自分の力のなさを，人に責任を押しつけていたのです。

どうしてもこれまで自分自身が受けてきた教育が，自分の教育観のベースになります。

　「ノートなのかタブレット端末なのか」「表現の仕方をどうするのか」など，

これまで誰もが体験したことのない教育が1人1台端末の授業

です。これからは VUCA な時代といわれているように，そんな時代を教師自身が生き抜くために

場面や状況を正しく判断するには，二項対立の考えでは対応できない

と考えています。

　上記のような思考だった20代のときに，GIGA スクール構想が行われたならどうなっていたでしょうか。おそらくは，算数が1人1台端末の授業を行いづらいと思い，算数では全く端末を使用しなかったことでしょう。

　20代よりも30代，30代よりも40代と，目の前の子どもたちが日々成長しているように，我々も日々アップデートし続けないといけません。

3 どうにかなってしまうという事実

「どうにかなってしまう」という考えが根づいているのかもしれません。

今から数年前，小学校の英語「必修化」「教科化」のため，外国語の授業がスタートしました。

私のように「英語を話すことができないから……」「英語を聞き取ることができないから……」と英語に対して苦手意識があった先生は数多くいたことでしょう。

そして，2021年。英語の授業に対して，どう思っているでしょうか。苦手意識はなくなったでしょうか。

私は全くなくなっていません。むしろ，苦手意識が増しています……。みなさんも英語の授業をしないといけないということで，努力して取り組んでいることでしょう。

もちろん努力されている方もいる一方で，「授業がどうにかなっている」という方もいるのではないでしょうか。

そのような考えを，今回のタブレット端末の導入でも「タブレット端末を使うことが苦手だから……」などといった理由で「タブレット端末を使わなくてもどうにかなる」と思っているのではないでしょうか。本当はよくないと思っていることでも，１度その思考や行動パターンが組み込まれてしまうと，よほど意識しない限り，その思考や行動パターンが勝手に使われてしまうのが人間の脳です。

「どうにかなってしまう」という考えによって，算数が１人１台端末の授業を行いづらいと思ってしまっているのかもしれません。

ただ，１人１台端末を使わないで，「どうにかなってしまう」ということにはなりません。私もいまだに「日々失敗」しています。でも，試行錯誤していくことが必要です。失敗を恐れずに取り組みませんか。

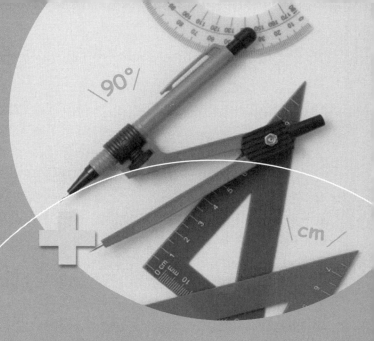

3章

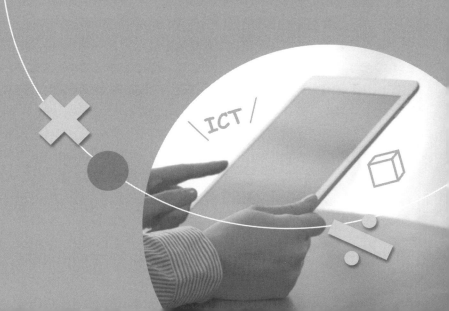

算数授業のここで使える！
1人1台端末の有効な使い方

算数授業でタブレット端末を使いなさいと言われたら，どんな場面でも無理矢理使うことはできます。しかし，授業がぎこちなくなります。スムーズに流れなくなります。そのため，教師も子どももストレスが溜まり，ストレスのもとであるタブレット端末を「悪」とみなし，排除してしまいます。

　そうならないために，算数授業で1人1台端末を有効に使うことができる2つの場面である

- ・自分の考えを形成するとき
- ・自分の考えを人に伝えるとき

をベースに，有効な使い方について提案していきます。

　2章では，算数が1人1台端末の授業を行いづらい教科と私が思った理由について書いてきました。3章では，その理由からみえてきた1人1台端末の有効な使い方について紹介していきます。

　行いづらい理由がわかっているからこそ，有効な使い方がわかります。例えば，2章「③アナログ教具がもうすでにある」で，教具を作成するためには，時間がかかるということを書きました。

- ・そんなに自分のスキルを必要としない
- ・そんなに時間をかけない
- ・持続可能である

という，2章で述べたことと反対の使い方ができれば，タブレット端末を使う有効性を教師が感じることができます。

　つまり，視点を変えること，その理由に出てきたマイナスなことをしないこと，その理由をうまく活用することで，有効な使い方になります。たくさんの有効な使い方をみつけていきましょう。

1 絶対解をうまく利用せよ

1 考えを共有する場面×納得解

　「絶対解」の場面で使用する場合，算数が１人１台端末の授業には基本的には向かないということは，ここまででわかっていただけたのではないでしょうか。では，「絶対解」という存在について考えたことでみえてくる，１人１台タブレット端末を授業で取り入れる有効な場面について，説明していきます。

　前章で，人それぞれ答えの異なる問題，正解のない問題という納得解の問題のときに有効ということについて書きました。

　算数にはオープンエンドアプローチといわれる問題があります。１つの問題に対して，正しい答えが幾通りもあるような問題のことです。まさに，納得解といえる問題です。【算数　オープンエンドアプローチ】と検索をすると，実践や書籍情報が出てきます。

　オープンエンドアプローチ，納得解の問題ばかりを行っていては，単元の学習をしっかり終えることができないという声が聞こえてきそうです。通常の授業で納得解になるような場面や活動を考えていかないといけません。

　堀裕嗣氏は『アクティブ・ラーニングの条件』（2019）にて，ALの課題について４つの条件があるとし，そのうちの１つとして「答えのない課題」をあげています。算数科は，どちらかといえば，ここまでに書いてきたように絶対解の課題，つまり「答えがある」課題ということになります。つまり，堀氏が提案している条件にあてはめると，AL型の授業として機能しないということになります。

　しかし堀氏は，「○○の解き方について説明する」「なぜ，この式で正しいのか説明する」といった説明課題には答えがないと示しています。これにあ

てはめてみると，例えば，２＋３の式の答えは５と決まっていますが，
「なぜ２＋３が５になるのかを説明する」
という課題になったときに，絶対解から納得解を求めることに変わるという
ことです。説明の仕方に正解はありません。正解があるとしたら，自分だけ
でなく相手が納得してくれるかどうかということです。説明をするために使
用する図や表，言葉も人によって違うはずです。

　１章で紹介した６年「場合の数」の実践も，

┃ 何通りありますかという絶対解の問題

　　↓

┃ 27通りを自分たちの方法でみつけ，説明するといった納得解

に変えるために，子どもたちが考えている途中で，「この問題の答えは27通
りあるんだよ」と伝えたというねらいがありました。これによって，27通り
をみつけるための方法を考えます。

　そして，教師に指示されることなく

┃ 相手に伝わりやすいように，自分の方法を説明しないといけないという必
┃ 要感

が生まれます。式で求めた子も，その式の意味が相手に伝わらなければ，他
の表現方法を探さないといけません。公式だけを覚えている子は，とても困
り，図や表を教師が指示をしなくても，自然と使い始めます。

　タブレット端末は，子どもたちの思考を促すための思考ツール，自分の考
えを可視化しやすくする表現ツールです。だから，

┃ 説明する場面でタブレット端末を使用する

ように，課題やめあてを

┃ 人それぞれ答えの異なる問題，正解のない問題といった納得解になる

ように設定すればよいのです。そのために，「～について説明をする」とい
った課題を授業のなかで設定することが大切です。

　さらに，私は，課題やめあてを

┃ 活動めあてではなく，相手を含んだ達成めあて

にすることを提案しています（詳細は拙著『3つのステップでできる！ワクワク子どもが学びだす算数授業♪』をお読みください）。

「〜について考える」というめあては活動めあてです。このめあてを
・「〜について考え，3人に説明する」
・「〜を使って考え，表現する」
といったように，どうすれば達成できるのかが子どもたちにもわかるようにしておくのが達成めあてです。

他にも，
・「3人に作図の仕方を実況中継しながら，図形を描く」
・「1分以内に作図ができるようになる」
といったものも達成めあてといえます。

2 考えを共有する場面×納得解の実践

5年「三角形の面積」の学習です。
「三角形を作り出そう」という課題です。

①右図のデータを子どもたちに送信する
②1番下に3cmの直線を引く
③5マス上の線上に自分で決めた点を描く
④③の点と②の線を結ぶ
⑤提出箱に提出する
⑥提出箱をみんなでみる

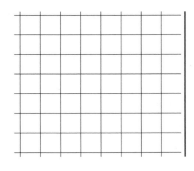

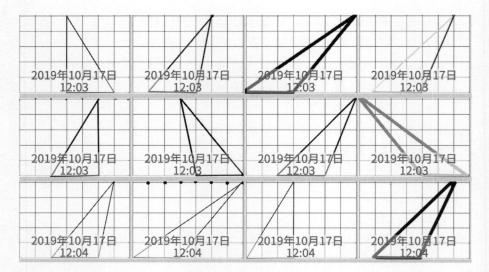

　全員答えが一致することはありません。お互いの三角形をみて，「なるほど，そう描いたのか」「その三角形は思いつかなかった〜」と子どもたちは言うことでしょう。そこで，

▌「色々な三角形ができたけど，面積は全部同じかな」

と投げかけます。子どもたちの予想は「同じ」「違う」と分かれます。予想が分かれるため，子どもたちは三角形の面積を求めようと動き始めます。

　このあとの展開は様々なパターンを考えることができます。2つのパターンを紹介します。

【パターン1】

⑦自分が考えた三角形の面積を1人で考える

⑧考え方・答えを提出する

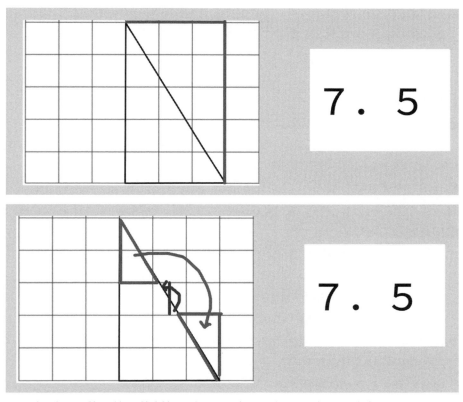

　三角形の面積の値は絶対解になります。しかし，上記のように

┃考えと答えを共に載せた状態で提出する

ことで，同じ三角形でも考え方が異なるため絶対解から納得解へと変わった

活動になります。

⑨提出した考えを見合う

⑩全体で考えを共有する

⑪教師からの新たな課題に取り組む

　「どうして答えが同じになるのかな」と聞き，「底辺」と「高さ」が共通し

ていることを明らかにします。そして，三角形内に高さがない場合でも三角

形の外に高さがあることに気づかせます。

⑫練習問題に取り組む

　他の形の三角形でも，本時で考えてきたことが活用できるのかを確かめます。

【パターン２】

❼自分が考えた三角形の面積を考える

　このときは１人でもよいし，グループで考えてもよいという時間にします。（詳しくは98ページにて紹介します。）

❽全体で考えを共有する

❾教師からの新たな課題に取り組む

❿練習問題に取り組む

　（パターン２の❽❾❿は，パターン１の⑩⑪⑫と同様の活動）

　パターン１と２の授業例を紹介してきましたが，共通の⑤⑥やパターン１の⑧⑨⑩，パターン２の❽のように

納得解の答えを共有する場面で**タブレット端末を使用する**

ことが有効です。そのために，子どもたちは，まずは

▍**自分が考えるために使用する**

ということをしています。

　そして，　**1**「考えを共有する場面×納得解」でも出てきた

▍**友達に考えを説明する**

の２つがタブレット端末を使うメインの場面です。

　「友達に考えを説明する」場面は，これまでの「ホワイトボード」のイメージといえばわかりやすいことでしょう。

3 「絶対解」が使えないわけではない

　ここまで納得解における場面での使い方について説明をしてきました。では，絶対解の場合に全くダメかといえば，そうではありません。意図があるのであれば，話は別です。

　テレビのクイズ番組を思い出してみてください。クイズ番組では，「回答をオープン」といったように回答者一人ひとりの回答をモニターに映し出すシステムがあります。実は，最初に全員オープンすることは珍しく，司会者が意図的に回答をオープンしていったり，不正解者だけの回答がみえるようにして，正解者の回答は隠していたりします。そうすることによって，番組を盛り上げています。つまり，

▌間違いを活かすといった意図があれば絶対解を使用できる

ということです。

５＋５×５－５＋５の答えを求めましょう。

という問題があったとします。こういった計算のきまりの問題を子どもたちは以下のようによく間違えます。

・前から計算をしていき，「50」と答える子
・計算のきまりは意識できていたけれど，－５＋５を－10と考えてしまい「20」と答える子
・計算のきまり順に計算をすることができて，「30」と答える子

　この問題は絶対解の問題です。しかし，子どもたちからは誤答が生まれやすく，ある意味多様な答えが生まれていきます。つまり，

▌誤答が生まれやすい問題も有効

ということになります。

　例えば，「５」の書き順の１画目は横なのか，縦からなのかどちらでしょうか。１年生以外でも大人でも横，縦スタートかは分かれます。考えが分か

れると，自然と話し合ったり，調べたりしたくなるものです。

　教職年数を重ねていくと，経験値からこういう誤答が出るなと予想することができます。また，誤答のパターンや基礎・基本的なことを参考にするために最近，参考にしている本を紹介しておきます。

・松島充・惠羅修吉『算数授業インクルーシブデザイン』明治図書
・飯田慎司『若手教師のための算数指導66の教養』明治図書
・熊谷恵子・山本ゆう『通常学級で役立つ　算数障害の理解と指導法―みんなをつまずかせない！すぐに使える！アイディア48』学研教育みらい
・筑波大学附属小学校算数教育研究部編著『初等教育学　算数科基礎基本講座』東洋館出版社

　誤答が生まれやすい問題の場合には，次の２つの授業パターンが考えられます。
　まずは自分たちの考えた答えを提出したあとに，

❶ 全員の回答をオープンする

　全員の回答をオープンすることで，「50」「20」「30」と正答と誤答が入り混じった状態になります。子どもたちは，自然と
「自分と同じ答えは誰か」
「自分と違う答えは誰か」
「どうして違う答えなのか」
といったことを思うことでしょう。このあとは，
「どれが正しい答えなのか」「どうしてこのような答えになったのか」
について考える展開を行うこともできます。

❷ １つずつ回答をオープンする

　教師の意図のもと，子どもたちの回答をみせていきます。例えば，間違え

ている「20」を提示し，「この答えは正しいでしょうか・間違えているでしょうか」と聞くのではなく，「このように考えた気持ちがわかるかな」と聞きます。すると，子どもたちは計算のきまりを使い，説明し始めます。

　拙著『GIGAスクール構想で変える！1人1台端末時代の授業づくり』で，

▌ **考えを共有する・可視化することができるシステムは，授業を変える**

と書きました。「他の子の考え方や答えがみえてしまう」という理由で，考えを共有するシステムを使うことに抵抗があるという話もよく聞きます。

　常に，全員の答えをみることができる状態だと，ある子が「100×3」という正解を提出したのをみて，「100×3」と書き，何も考えずに提出してしまう子がいるのではないかという心配も聞いたことがあります。

　2章「②算数には洗練された表現がある」にも書いているように，式は洗練された表現です。そのため，伝わる人には伝わる表現です。それを真似し，そのまま提出すれば，その子も洗練された表現を提出することになります。だから，提出をして終わりではなく，他者に説明をするといった活動をセットにすればそういった心配はなくなります。

　51ページにて，国語科「海の命」の学習で，「なぜ太一は瀬の主を殺さなかったのか」について，それぞれの考えを提出した様子の画像を紹介しました。これをみて，そのまま考えを真似することはできません。そのような場面では，自分の考えを形成するために，真似をしたり，友達の考えを使ったりすることはあることでしょう。

　1つずつ回答をオープンしていくときには，考えておかないといけないことがあります。1年「いくつといくつ」の学習で，

9はいくつといくつに分けることができますか。

という問題で，次ページのデジタル教具を渡し，自分たちで9をいくつといくつに分けることができるのかという活動に取り組みました。そして，子どもたちに考えを提出してもらいました。

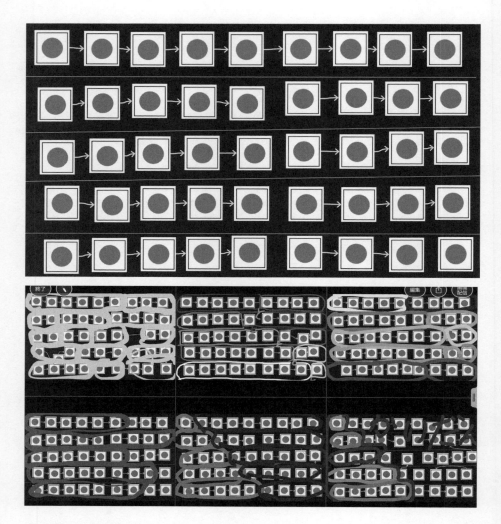

　全体で考えを共有するときに，みんなの考えを１つずつ映し出しながら，考えを発表していきました。この場面で，子どもたちのやる気がどんどんしぼんでいくようにみえました。

　子どもたちは自分たちで全部みつけ出したのに，どうして全体で考えを共有するのかと二度手間に思っていたのかもしれません。子どもたちは二度手

間を嫌がります。

　ただ，全員がわかっていたとしても考えを確認するときも必要ですが，常にそうでなくてもよいということです。私は，そのことを子どもたちの姿から教わりました。

　アプリによっては，共有する画面は，教師の設定で全員の考えをみせるか，みせないかを設定することができます。名前を明記した状態，消した状態も選択することができます。新年度，最初のころは，先生と子ども，子どもと子どもの信頼関係が築けていないときには，全員の考えをみせないことが多いです。みせたとしても無記名にしています。

　そして，教師がしっかりと何を共有するのかということは考えたうえで，使い方は考えないといけません。形骸化された使い方は避けないといけません。

2 表現力が増す

1 言葉＋タブレット端末の画像

　子どもたちが自分の考えを言葉だけで伝えている様子，そして相手にその考えが届いておらず，ただ言葉だけが飛び交っている様子のことを空中戦といったりすることがあります。

　言葉だけということは，記号的表現と言語的表現だけになります。これは算数の表現の抽象度№1と№2が揃っている状態です。伝わる人には伝わるけど，伝わらない人には伝わらないということは，仕方ないことです。

　これは絶対解，納得解の問題，どちらでもいえることです。見取り図を描く問題で，自分にとっては上手に見取り図が描けたとしても，相手がみて正解と同様に描けていなければ，間違いになります。ただ，絶対解の問題よりも納得解の問題の方が，相手をより意識しないといけません。

　説明をするということは，相手に伝わらなければ，どんなに素晴らしい考え方，洗練された表現でも意味がありません。そのため，「説明をする」ということは，納得解の活動といえることでしょう。相手が自分の考えに納得するときは，全員同じ方法ではありません。

　記号的表現と言語的表現だけでは相手に自分の考えが伝わりづらいということを防ぐために，これまでも

　・黒板に描きながら説明をする

　・操作しながら説明をする

といった「言葉」に具体的な活動をプラスすることで，相手に自分の考えをより伝わりやすくしてきました。

　これはタブレット端末でも同じことがいえます。

74

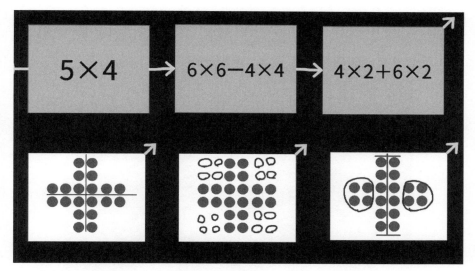

　これは，「式を読む」の学習で子どもたちが描いたものです。上に式，下に図を配置することで，上の式と下の図が関連づきます。タブレット端末だと直線を描いたり，色を変えて描き込んだりと相手に伝わるための工夫を追加することができます。

　だから，タブレット端末において

▌「話」＋「タブレット端末の操作」→ よりわかりやすくなる

ということがいえます。そして，よりわかりやすくなるため，言葉がなくても，これをみるだけで相手に伝わりやすくなります。

左ページの２枚の写真は，同じ問題に対して，自分の考えを伝えている様子の写真です。上はタブレット端末同士で，下はノートとタブレット端末で話をしています。

　タブレット端末を使っている子どもたちは，伝えるときに，

> ・自分の考えをみせながら説明をする子
> ・自分の考えに書き込みをしながら伝える子
> ・最初から自分の考えを描きながら説明する子

などの多様な姿をみせてくれます。

　タブレット端末を導入した授業では，

> 自分の考えを伝えるために使用することがとても有効

になるということがこの２枚の写真からもわかることでしょう。

　相手に考えを伝えることができるのであれば，どのようなタブレット端末の使い方でも構いません。

　私は，子どもたちに

> 「相手に考えが伝わらないときは，我慢する必要はないよ」

ということをよく言います。

　「話」＋「タブレット端末の操作」でよりわかりやすくなるとはいえ，万能ではありません。全体の場で考えを交流しているときに，タブレット端末を使用しても，考えが伝わっていないこともあります。そんなときは，これまでの授業同様に，

> みんなに考えが伝わるようにみんなで考えていく

ということを行うことが大切です。

3 「相手意識」を取り入れた実践

　５年「図形」の学習で取り組んだ実践です。

> 作図の仕方の動画を作り，いいね！をもらいましょう。

という課題です。辺の長さや角度の大きさは指定しておきます。教科書には作図の仕方の説明が載っています。だから，

▌「作図の仕方に困ったら，教科書から情報を集めよう！」

と子どもたちには伝えました。

▌わからないときに，解決するために情報を自分で探す

という力もこれからの子どもたちに求められている力です。

教科書に掲載されている作図の仕方をそのまま言えば，動画は完成します。しかし，みている方は，この動画作成者がきちんと理解しているのか，していないのかを見破ります。作図の仕方を理解していなかったり，技能が定着していないと言葉がたどたどしくなったり，間ができたりしてしまいます。

教科書に書かれている説明と子どもたちの説明のどちらが洗練されたものかといえば，教科書です。しかし，子どもたちは子ども同士が説明し合ったものの方が伝わりやすい場合もあります。教科書の言葉であっても，その子の言葉になっていないと見破られるものです。「いいね！」をもらうためには，相手を意識しながら，動画を作らないといけません。

私は子どもたちに，

■「できる」……図形を描くことができる，計算ができる　など
■「わかる」……図形の描き方を説明できる，計算の仕方が説明できる　など
ということを両方達成できたら，「できる・わかる」という状態になるということを言っています。相手にしっかりと考えを伝えるために，子どもたちは自分の説明がどうだったのか，作図の仕方がどうだったのか，振り返りながら取り組みます。

　何問も作図問題に取り組むこともよいですが，じっくりと自分の描き方について考えることの方が，子どもによっては定着度も増すと考えています。

4　情報活用能力を意識している

　ここ数年，算数授業で意識して使用している発問があります。それは，
■「情報を集めよう」
です。
　今回の学習指導要領では，言語能力や問題発見・解決能力と同様に
■情報活用能力
が学習の基盤となる資質・能力と位置づけられました。
　「小学校学習指導要領（平成29年告示）解説」の総則には，

- -
　情報活用能力は，世の中の様々な事象を情報とその結び付きとして捉え，情報及び情報技術を適切かつ効果的に活用して，問題を発見・解決したり自分の考えを形成したりしていくために必要な資質・能力である。
- -

と示されています。そして，

- -
　情報活用能力をより具体的に捉えれば，学習活動において必要に応じてコンピュータ等の情報手段を適切に用いて情報を得たり，情報を整理・比較したり，得られた情報を分かりやすく発信・伝達したり，必要に応じて保存・

共有したりといったことができる力であり，さらに，このような学習活動を遂行する上で必要となる情報手段の基本的な操作の習得や，プログラミング的思考，情報モラル，情報セキュリティ，統計等に関する資質・能力等も含むものである。

という具体的な内容が書かれています。この内容から，情報活用能力とは，

> ・情報の収集
> ・情報の整理・比較
> ・情報の発信・伝達

などの資質・能力だということがわかります。資質・能力は育てていくしかありません。勝手に育つわけではありません。

　この情報活用能力は，教科横断的な視点で育成していく必要があります。つまり，算数においても育成していく必要があります。今回の学習指導要領より「データ領域」が新設されました。上記のことから，つい「データ領域」でこういった資質・能力を育てていくのではないかと思いがちですが，そうではありません。すべての領域において，育てていく必要があります。だから，「情報を集めよう」と言うようにしています。

　わからない問題があったとします。問題を解決するために，

> 教科書やノートやタブレット端末から解き方を探したり
> 友達から考えを聞いたり

することは，「情報を集める」ことだと私は捉えています。

　また，よりよい考えを形成するために，

> 友達の考えを知る

ということも情報を集めることだと考えています。

　だから，私は，

> ・問題提示場面で，条件不足の問題を提示し，「どんな情報があれば，解決することができそう？」
> ・見通しの場面で，「問題を解決するための方法にはどんな方法があるの

か情報を集めてみよう」

- 問題解決の場面で，「わからないときは，情報を集めてみよう」
- 考えを交流する場面で，「もう1つ考えがあります。どのような考えなのか，情報を集めてごらん」

などと発問をするようにしています。

　この1人1台端末の算数授業では，こういった発問は必要不可欠です。

　5年「単位量あたり」の導入の学習です。

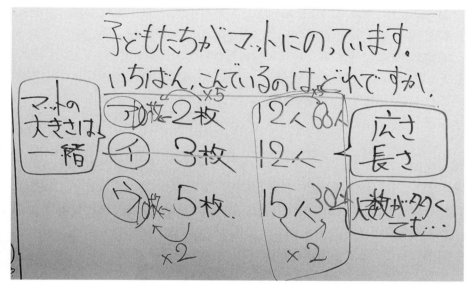

　条件不足の問題です。最初に，ア 12人，イ 12人，ウ 15人ということだけを提示しました。多くの子は，15人のウが1番混んでいると言っていました。そのなかで，

「マットの枚数は同じなのか」

「マットの面積は同じなのか」

「もっと情報が欲しい」

というような声もありました。このあと，「どんな情報が欲しいのか」ということを聞きました。

情報という言葉を教師が使っていると，子どもたちも「情報」という言葉を使うようになります。また，問題を解決するための情報が不足していないか自然と考えるようになります。

5　「情報」はどこから集めるのか

　「情報はどこから集めるのか」と聞かれると，「Web 検索をする」と答えがちです。もちろん Web 検索もそうなのですが，それだけではありません。
　例えば，
・問題文から　　・図や表から　　・教科書から　　・ノートから
　そして，
・これまでの学習から（過去の自分から）
・友達から
・先哲の考え方から
情報を集めることができます。この下３つを見て，何か思い出しませんか。そうです。「主体的・対話的で深い学び」の「対話」のところです。つまり，情報を集めるということは，「対話」を行っていることにつながるのではないかと考えています。
　対話をしているから考えが深まっていきます。

6　「情報」という言葉を使った実践

　5年「作図」の実践です。次ページの画像を配付し，

合同な三角形を描くために必要な情報を選択しましょう。

という問題を提示します。どこの辺の長さを知りたいですか，角の大きさを知りたいですかと聞くのではなく，上記のように聞きます。

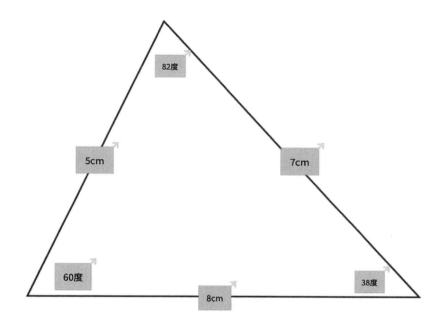

必要だと思う情報の数を使い，図形を描いてみる

　　↓

１番少ない情報はいくつで描くことができるのか

という展開や，３つの情報で描けることがわかっている子が多い場合には，

・３つの情報ならどこでもよいのか

・本当に３つの情報で描くことができるのか，試してみよう

といった展開で授業を進めていくことができます。

７ 教師も「相手意識」を

　相手に伝えるということを大事にしないといけないのは，子どもだけでは

ありません。教師も同様です。活動の指示をしっかり伝えないといけません。

その気持ちから，ついつい説明が長くなったり，一文が長くなったりしてし

まいます。

　これまでは，黒板にルールを書いたり，紙にルールを書いたりしたものを貼ったりして，口頭で伝えていました。

　しかし，１人１台端末の環境では，ルールが書かれたカードを前で提示するとともに，子どもたちにそのテキストを送ることができます。手元にあることで，子どもたちはカードをみながら活動を行うことができます。

　５年「小数のかけ算」で筆算のアルゴリズムを確認するために，グループで取り組んだ実践「グループ筆算リレー」を紹介します。

グループ筆算リレー
①いくつ小数点移動するか
②途中の計算をする
③合計をする
④小数点移動をする

　これまではこの実践はホワイトボードを使って，取り組んでいました。みんなで１つのホワイトボードに書き込みながら①～④をしていましたが，Jamboard では，子どもたちは自分のタブレット端末上で過程をみることができます。

　アプリの機能を使うことで，これまでの活動よりも効果的な活動に取り組むことができます。

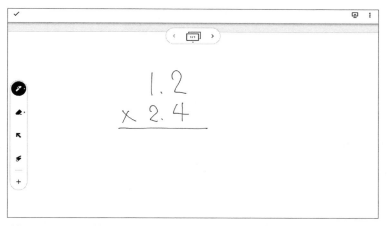

（①の人が式を書く）

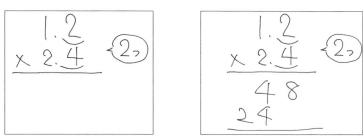

①ふきだしでいくつ小数点が移動するのかを書く　　②計算する

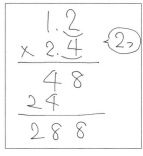

③合計をする

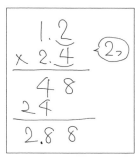

④小数点を移動する

4年「式と計算の順じょ」では，単元末に以下の課題に取り組みました。

まんたくんの学校では、もうすぐしたら「式と計算の順じょ」のテストがあります。
しかし、まんたくんは
「計算の順じょのきまりって、なんだっけ？」
「計算のきまりって、なんだっけ？」
とよくわかっていない状態です。まさにのび太くん状態です。
このままでは０点をとりそうです・・・。
ドラえもんに式と計算の順じょの学習がわかる・できるようになる道具を出してほしいと心の中で思っています。しかし、ドラえもんはいません。
そこで、みなさんはまんたくんがわかる・できるようになるための式と計算の順じょの説明書(B4の紙1枚)を作ります。まんたくんにわかりやすく伝わるように作りましょう。

これを教室前方にある大型モニターを使い，説明をしました。そして，子どもたちにも配信しておきます。そうすることで，子どもたちは手元でこの文を読みながら，「計算の順じょ」や「計算のきまり」について考えていました。

ちなみにこの説明書は，紙で作成している子もいれば，タブレット端末上で作成している子もいました。

3

教師観をアップデートせよ

1 アナログもデジタルもどちらも大事

　2章では，二項対立の思考からのアップデートをしたいということを書きました。そしてデジタルに限界があるということを書いてきました。

　タブレット端末を導入するとき，

▌ アナログでできないことをデジタルで行っていきたい

と思われている方はいることでしょう。こういった発想ではなく，

▌ アナログでできることもデジタルで行っていく

という発想が求められています。

　全体で発表する場面で，ホワイトボードに自分の考えを書かせる取り組みがあります。ホワイトボードの代わりに，タブレット上に書かせ，提出させたら同じ活動ができます。ホワイトボードのときは黒板に貼る枚数が限られるため，ホワイトボードに書く人数が制限されていましたが，タブレットを使うと，クラス全員書くことができます。

　しかし，「アナログでできることもデジタルで行っていく」という発想は半分正解で，半分不正解だと最近は考えています。

　『教室ギア55』（東洋館出版社）の著者である鈴木優太氏と Clubhouse で「深掘り・教室ギア『マグネットクリップ』」というコラボ企画を行っていたとき，アナログとデジタルという話題になりました。このとき，鈴木氏が，

　　・デジタルとは違い，アナログだからダイナミックにみせることができる
　　・「生」のノートの迫力と感化力ですね
　　・そこにどんな願いを込めるかが大切

ということを言われていました。私も大賛成です。デジタルには限界があります。そして，アナログにも限界があります。「デジタルの限界＝アナログ

の限界」ではありません。それぞれを補完したり，それぞれのよさがあったりします。つまり，1人1台端末の授業づくりにおいても

▌アナログ教具もデジタル教具もどちらも大切

です。これから先もアナログ教具を使用しても構いません。

▌発達段階，学習内容に応じてアナログ教具とデジタル教具の使い分けが大切

になってきます。このような考え方は，二項対立のままではできません。

　ただ，授業や活動にねらいがないと使い分けや教具の使い方が中途半端になってしまい，授業の妨げになってしまわないかということを懸念しています。

　ここまでに，考えや答えを共有する場面で使用することが有効だということを書いてきました。算数授業のほとんどの時間には，このような時間はあります。そう考えると，1年生の1学期は厳しくても，

▌毎時間の算数授業でタブレット端末を使う機会がある

ということになります。低学年は，1時間の授業内で

▌アナログ教具もデジタル教具も使っている

といった授業もありえます。

　アナログ教具の操作後の様子を写真に撮っておくとか，使い道はいくらでもあります（これまではアナログ教具では1度作成したものを，新しいものを作るときには解体していました。そのため，完成形が残ることはありませんでした。しかし，写真機能を使うことで，完成形を残した状態で，解体することができます。しっかりと学びの履歴を残すことができます）。

　では，ここで，4年「2桁×2桁の筆算」をタブレット端末がない時代に行った実践を紹介します。

インド式計算から思いついた実践です。

「今日は難しい筆算の問題の練習をします」と言い，
右のように15×15の筆算を提示しました。

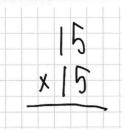

子どもたちに考える時間を設け，答えを聞きました。
そして，筆算の下に答え「225」だけを書きました。
今回の実践はあえて計算の過程を書きません。

そして，第2問に「25×25」，第3問「35×35」を提示し，上記と同じ展
開で進めていきます。黒板には，下のように横に並べて書いておきます。

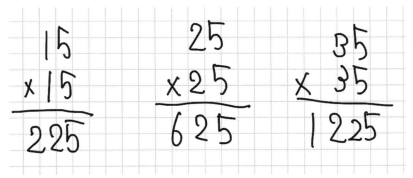

このように横に並べて書くことで子どもたちは考えを比較しやすくなり，
きまりを発見しやすくなります。

そのため，3問解いていると，子どもたちから「絶対に十，一の位が25に
なる」といった声が聞こえてきました。そこで，「どうして25になるのかな」
と問い返しました。すると，「一の位同士をかけると25になる」という声が
聞こえてきたので，そこで次ページのように板書に追加しました。

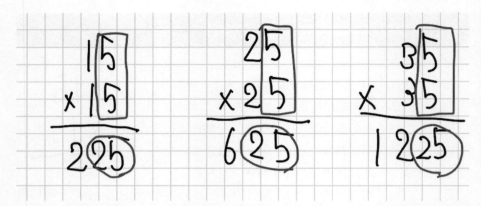

　このように書くことで，十の位の数同士をかけるときに，どちらかを1を足した状態でかけ合わせると答え（例　2×（2＋1）＝6）になるというきまりに気づきやすくなります。

　子どもたちがきまりに気づいたあとには，
「じゃあ，95×95の答えはどうなるのかきまりをもとに予想を立ててみよう」
と言い，きまりを子どもたちが使うという場を設けました。

　子どもたちがきまりを使い，9025と導き出しました。そこで，全体に
「今みんなが言った9025は予想だよね。本当にその答えになるのか確かめてみよう」
と実際に計算し，「95×95」の答えを確かめる活動を行いました。子どもたちのなかには，本当にその答えになるのかと疑問に思っている子はいます。このあと，上記のように「問題を提示し→予想→確かめる」を数問繰り返し行いました。

　すると，子どもたちから
「こんな場合でも，このきまりが使えるのかな〜」
といった問題を発見している声が聞こえてきました。ここで，
「どんなことをみんな考えたい？」
と子どもたちに聞いてみると，子どもたちからは
・25×35といったように十の位の数を変えたい

・25×26といったように一の位の数を変えたい

・25×36といったように一の位と十の位のどちらも変えたい

といった考えたいことが出てきました。もし子どもたちから出てこなければ，教師の方から「25×35といったように十の位の数を変えた場合でも，このきまりは使えるのかな」と投げかけようと考えていました。

　自分が確かめたいことを確かめ，自分の考えをまとめるという時間を設けました。そして，授業の最後に自分が確かめたことを全体で共有しました。

▶3 タブレット端末ありで行うとしたら？

　このタブレット端末なしの授業を，タブレット端末ありの現在，どのようにアレンジするでしょうか。みなさんも考えてみてください。

　今紹介した実践は，タブレットなしでも十分に成り立ちます。だから，これからもこのまま行うことでしょう。

　「え!?」と思われた方，二項対立の思考からアップデートできていません。筆算の答えをタブレット端末で提出し合うことに意味はありません。この問題は絶対解の問題です。別にこれまでのように，声で表現すればよいだけです。タブレット端末では手間がかかるだけです。この実践を行っていて，困ったことは特にはありませんでした。

　この実践にタブレット端末を取り入れるとしたら，

自分が確かめたいことを確かめ，授業の最後に自分が確かめたことを全体で共有するために，自分の考えを表現する

という場面です。この場面は納得解の場面です。そして，自分が確かめたいという問いを考えるために，まとめたり友達に対して表現したりするために，自分の考えを送り合ったりするために，これまで以上に学習を深めることができます。ただ，この場面にノートで取り組むのか，タブレット端末で取り組むのかは，子どもたちに任せます。

　この実践は，「きまり発見」の授業です。納得解の問題やオープンアプロ

ーチの問題だけでなく，

┃ きまりを発見する授業も有効に使える授業

です。きまりを発見すると，

┃ ・そのきまりを他の場面でも使えるのか

┃ ・なぜそのようなきまりになるのか

などといった学習へときまり発見から拡がっていきます。

　このようなきまり発見の場面，きまりを使ったり，なぜそのきまりを使うのかを考えたりする場面では，タブレット端末を有効に使える場面になります。

　ただ，めあてや問題などを「きまりをみつけよう」「きまりを発見しよう」と教師の方から提示することは，「おぉ！　きまりがあった‼」といった子どもたちの気づきを妨げる行動です。求めてもいないにもかかわらず，ゲームをしている人に攻略法を教えたり，なぞなぞを考えている人にヒントを言ったりすることに似ています。

　このような教師が子どもの気づき，学びを妨げることは二項対立の思考のままだと起こりやすいように考えています。今回の GIGA スクール構想で，「私，端末に詳しくないから……」「操作が苦手だから」とマイナスな気持ちになっている方はいます。

　また，「低学年だから〜」「この子たちは〜」といった教師による決めつけはこれまでにもあったことです。自分にマイナスな気持ちがあるからといって，教師による決めつけによって，制限された使い方やそもそも端末を導入しないという行動は，子どもの学びの可能性を教師自身によって妨げていくことになります。

　板書はタブレット端末に置き換えることができるかもしれません。昨年度，オンライン授業では，ロイロノート・スクールや Jamboard を使いながら，授業を進めていました（次ページの画像は，板書を再現）。

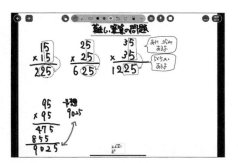 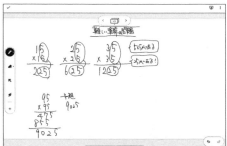

　ロイロノートでは画面配信，Jamboard では URL を知っていれば，全員がみることができます。上記のような板書はデジタル教具，デジタル黒板といえることでしょう。こういったデジタル黒板では，

・授業中に板書を送ることができる

・その板書に書き込んだりしながら，子どもたちが考えることができる

・保存することができる

などといったこれまでの黒板ではできなかったことができます。

　デジタル黒板だと視線がそれぞれのタブレット端末に向きます。黒板だと，子どもたちの視線が基本的には黒板に集まります。そのため，子どもたちの表情をみて，「この子はまだ理解できていないかな」「うなずいているな」などと判断することができます。しかし，それが，デジタル黒板だと難しくなります。

　このような「子どもたちの表情をみたい」という目的があれば，これまで通りの板書で構いません。ただ，デジタル黒板を全く使う必要がないと決めつけることは，二項対立の思考からアップデートできていません。

　一斉授業の場面ではこれまで通りの黒板，グループ活動がメインの授業では，デジタル黒板にしておくといった

▌場面によって使い分ける

こともできます。

　グループ活動が盛り上がっているとき，アナログ黒板だと1度席に戻ったり，全員が前を向くまで行ったり，黒板がみえるところまで移動したりしな

ければなりません。そこで学習が途切れてしまいます。しかし，デジタル黒板ではそれを解消します。

　1時間の授業で最初はアナログ黒板，途中からデジタル黒板といったこともできるでしょう。グループのときには，子どもたち同士で話し合いながら，デジタル黒板をみるといったこともできることでしょう。

４ 「子どものために」は危険な言葉かもしれない

　PowerPoint を駆使し，何時間もかけて，教具を作成する先生に出会ったことがあります。何時間も時間をかけるところは本当にすごいなと尊敬します。その一方で，私はそんなに何時間も時間をかけたくない，もっと違う方法はないかと探るタイプです。

　教職２年目のときに，４年生で

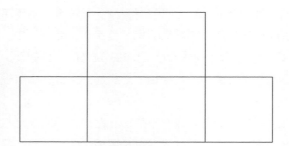

立体を完成させるためには，どのような面が欲しいか，
そしてどこの辺にくっつけるか

ということを考える研究授業を行いました。この研究授業は市の研修で考えた内容をグループを代表して，自分の学校，そしてもう１つの学校で行うということになりました。

この授業を考えているときも，念頭操作だけではしんどいのではないかということで，具体的操作ができるように具体物を作ることになりました。このとき，ファイルに４面を描き，それを切り取るという作業を人数分行いました。次に，足りていない面２種類を数多く作りました。そして，２つの学校で行うことで，それを２セット作りました。同じ研修グループの人に手伝ってもらいましたが，それでもかなりの時間がかかったことを覚えています。

　さて，もし今ならどうするでしょうか。声を大にしていえるのは，昔のようにファイルを使って操作できる具体物は作りません。そこに長時間をかけるのであれば，違うことに時間を使います。

　「子どものため」に，具体的操作ができるように具体物を作るべきだと主張される方もいるかもしれません。私はこの「子どものため」にという言葉は一歩間違えると危険だと思っています。「子どものために〇〇をしよう」と同僚に提案されたとき，「いいえ」と言うと，なにか子どものためにすることを否定したように聞こえます。子どものためになんて言われなくても，みんな子どものために動いています。

　自分の体調が悪くても，余裕がなくても，「子どものために」と言われると，とにかく頑張らないといけないと感じてしまい，頑張りすぎてしまい，体調を崩してしまうという方に数多く出会ってきました。

　この方法があたかも正しいかのように言っている人もいますが，教育にベストな方法はありません。だから，みんな悩むのです。ベストだと思うとき，もしかしたら視野が狭まっているのかもしれません。子どものためにと思うのであれば，違う方法もあります。

　子どものために，そして教師のために取り組むということを忘れてはいけません。

5 "同じ" からの脱却を！

　教室の授業は，全員が教室という同じ場で，同じ教具，同じ進度，同じ手段といった「同じ〇〇」という縛りがあるということになります。学力差は必ずあります。学力が低い子に力をつけたいと教師なら誰もが思うことでしょう。しかし，全員が同じドリルやプリントの宿題を同じようにしていました。

　最近は，さらに，学級通信を出すか・出さないか，毎日の宿題の量やページなど，なんでもかんでも「統一」しなさいという文化が多くなってきたと，SNS をみていると感じるようになりました。

　私は毎日の宿題の量やページを統一することができるのか，とても疑問です。週，月単位では，統一しておくべきです。しかし，毎日統一するとなると，授業が同じにならないといけなくなります。みなさん，同じ授業をしているのでしょうか。今日は盛り上がって最後までいかなかった，自分が想定していたよりも授業が先に進んだ，自分が想定した問いが出てこなくて……と，授業自体を学年で統一することは本当は難しいことです。

　「私の学級の子どもたちは〇〇が弱いから追加プリントを出したい。でも，学年で相談しないといけない」という悩みを聞いたことがあります。統一するメリットもありますが，統一の仕方を間違えると子どもたちの学びを妨げてしまうことになります。

　タブレット端末の家庭への持ち帰りにより，より自分で学ぶ量や時間を変えることができるようになるため，柔軟さが求められます。

　1人1台端末の算数授業では，

■ "みんな同じ" からの脱却をしないといけない

ということを覚悟しないといけません。同じときがあっても構いません。でも，いつも同じではダメということです。

6 AI 型ドリルは適切に使おう！

AI 型ドリルは，"みんな同じ"からの脱却を簡単にさせてくれます。

その子に応じた問題を用意してくれます。問題を早く終えたら，さらに問題を出してくれます。だから，みんな"同じ"だった学習からみんな"違う"という状況になります。採点も AI がしてくれ，誰がどこを間違えたのかがすぐにわかります。AI 型ドリルを適切に使えばこれまで以上の成果が上がることは間違いないです。

しかし，

▌AI 型ドリルは使い方を間違えると，子どもたちの学びの妨げ

になってしまいます。

「算数授業を AI 型ドリルですべて行う授業」という実践をここ最近，聞くようになりました。

「算数授業を AI 型ドリルですべて行う授業」は，

▌・知識・技能を重視した授業になってしまうのではないか

▌・見方・考え方を子どもが働かせているとはいえないのではないか

と危惧しています。見方・考え方を子どもが働かせているといえないのであれば，深い学びを実現することはできていないということになります。

また，AI 型ドリルは単元を選ぶと，その人の傾向から問題を出してもらえるため，AI 型ドリルを使用することで，

・自分はどのようなことが苦手なのか

・苦手を克服するためにどのようなことに取り組めばよいのか

を考えなくなる恐れがあります。

ということは，子どもたちが**「指示待ち人間」**になる可能性があるということです。指示待ち人間ではなく，自ら考え動く子へ。私たちは子どもたちがそうなるように願っています。しかし一歩間違えると，問題が与えられないと解かない・考えない，子どもたちは教師からの指示がないと動くことができないということになります。

これでは，子どもたちの学びを妨げることになります。そうならないためにも，知識・技能を向上させた場面で適切に使っていく必要があります。

7 自力解決も "みんな同じ" からの脱却を！

ステップ1　　　　　　　ステップ2　　　　　　　ステップ3

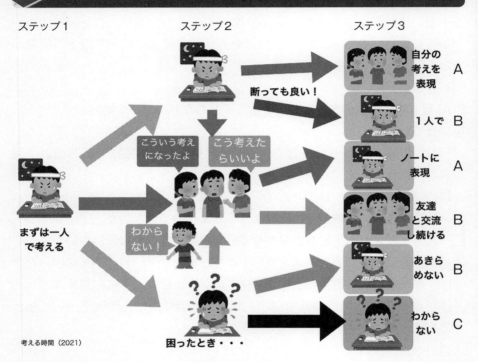

考える時間（2021）

　自力解決とは，「集団のなかに位置づいたうえで，自力で考える時間」のことです。だから，もし問題がわからないときは友達に聞いたり，友達と一緒に考えたりしてもよい時間です。

　しかし，日本全国の算数授業の自力解決の時間はどうでしょうか。残念ながら，「今は1人で考える時間だから話し合ったらダメです」という声がいまだあるように，自力解決というよりも，孤独で考えている時間になっていることの方が多いように感じます。

そこで，拙著『子どもの問いからはじまる授業！』では，孤独で解決するのではなく，集団のなかに位置づいた自力解決として，「考える時間」を提案しました。その提案したものをさらに改良したものが「考える時間（2021）」になります。大きく変わったのは，ステップ3の子どもたちの姿に3段階の評価を追加したことです。

　ステップ1は，全員共通です。まずは1人で考えます。次に，上矢印，真ん中，下矢印かに分かれます。

　下矢印の子たちはステップ2からステップ3に行き，あきらめずに取り組むのか，わからないままでいくのかを選択できます。子どもたちに言っているのは，この「わからないまま」で考える時間を過ごすことはやめようということです。

　下矢印に進んだ子はステップ2で，上に行き，友達と話し合うということを選択することができます。そして，ステップ3でそのまま友達と話し続けるのか，最後は1人で考えるのかを選択します。

　真ん中に進んだ子は左記のように話し合い→話し合い，話し合い→個人の流れのどちらかを選択することができます。

　上矢印に進んだ子は，自分たちで考えを進めていくことができる子たちです。ステップ2で友達をサポートするために，下矢印に進み，話し合いを行うこともできます。ただ，考えるときにはまずは「1人」で考えたい子もいます。

　そこで，「サポートすることを断ってもよい」「1人で考え続けてもよい」ということを全体で伝えています。しかし，1人で考え続けるよりも，他者の考えを聞く・取り入れることで，考えが深まるという理由から，ステップ3で1人で考え続けるか，友達と話し合うかということを選択することができるようにしています。

　ステップ3の子どもたちの姿に段階ということを書きましたが，「1人で考える」「グループで考える」ことを達成できたレベル3の上から1つ目，3つ目はA評価，1番下はC評価，それ以外をB評価としています。「個人」

と「集団」である流れがAになることを子どもたちに伝えています。

　この時間は，自由に立ち歩いてもいいようにしています。

　このとき，それぞれの子どもたちの立場を子どもたち自身が把握することができるように，Jamboardを使用します。背景を，以下の画像のように設定します。

- ・グループ…………グループで取り組む
- ・ソロ………………1人で取り組む
- ・ヘルプ……………ヒントが欲しい，誰か一緒にしてほしい
- ・アドバイザー……アドバイスします！

　例えば，ヘルプのときは，付箋をヘルプの位置に持ってきます。これを教室前のテレビに映し出しておきます。このようにすることで，子どもたち自身で動き出すことができます。最終的には，こういったものを使用しなくても自然と活動することができることが理想ですが，「わからない」と言うには勇気がいります。ましてや，新しい学級になった4月はなおさらです。4月当初はこういったものを使うことが子どもたちにとっての支援となります。

4 デジタル教具とアナログ教具との共存

1 内容論と方法論を同時並行に考える

「算数科におけるタブレット端末の使い方を教えてほしい」

という依頼が今年度はとても多いです。教室にタブレット端末が入ってきた現在，「方法論」にニーズがあるのでしょう。確かに，「方法論」を知っておくことで，指導の選択肢を増やしておくことができます。

しかし，大切なことはあくまで教科としての「内容論」です。「内容論」の議論がないと，方法論は生きません。だからといって，「内容論より方法論が大事だ！」「方法論より内容論を先に考えるべきだ！」と言うつもりは全くありません。この考えこそ，二項対立になっている証拠です。つまり，

▌内容論も方法論も同時並行に考えていく

ことが求められます。

台湾のデジタル担当大臣であるオードリー・タン氏は，出演した BS 日テレ「深層 NEWS　3時間スペシャル」にて，

デジタル化は人と人をつなげるもので，IT は機会同士をつなぐものである。

デジタル化は IT に依ることになるが，IT は，そのままイコール，デジタル化ではない。

と述べています。ただ単に置き換えるといった単純なことではありません。

ただ単に授業にタブレットを取り入れたらよいというわけではありません。1時間の授業後，タブレット端末を取り入れたことで，自分と他者，自分と過去の自分などをつなげることができたかどうか，つまり「対話」が生まれたかどうかを考えながら，授業をつくらないといけません。

これまでアナログで行ってきたことをデジタルにするということは，人と人とがつながるように教師も意図や目的をもって行っていく必要があるということです。そこには，方法論の話だけでなく，教科の内容論もセットでないと実現することが難しいのは明らかです。タブレット端末を使って，算数授業をどう変えたいのかという構想がなければいけません。

2 アナログ教具ではなくデジタル教具

　数感覚に関わるものは，アナログ教具ではなくデジタル教具でもよいのではないかということを２章で書きました。

　１年生では数図ブロックをよく使います。数図ブロックのデジタル教具を作成しました。作成時間は５分もかかっていません。５分かからないのであれば，みなさんも作ってみようかなと思うのではないでしょうか。

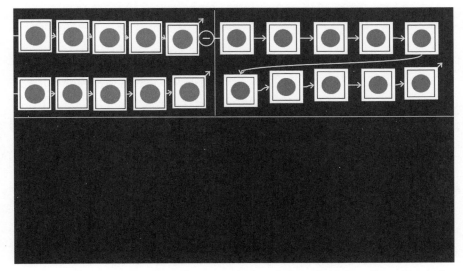

　例えば，「青色の花が３つ咲いています。赤色の花が２つ咲いています。合わせて花はいくつあるでしょうか」といった問題だと，次のページのように使うことができます。

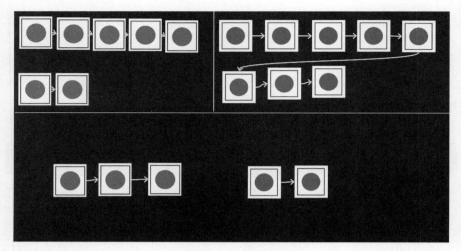

　複製をすれば，いつでも子どもたち自身が使用することができるアイテム
になります。

　デジタル教具には，以下の5つのよさがあります。

❶　全員の操作したあとの様子や結果を把握することができる

　これまでは数図ブロックを手元で操作をしている様子や結果を正確に把握
したり，1度に全員のものをみたりすることができませんでした。しかしデ
ジタル数図ブロックにすると，このシートを提出することで全員がどのよう
に動かしたかを教師も，そして子どもも把握することができます。

❷　残しておくことができる

　これまでは，数図ブロックを並べたものを残しておくことはできませんで
した。違う問題に取り組むときには，崩さないといけませんでした。しかし，
デジタル数図ブロックは1枚もののシートになっています。だから，このシー
トを複製すれば，残しておくことができます。またそのシートに書き込み
もすることができます。

　操作や書き込みを残しておくことで，例えば2枚のデジタル数図ブロック

を比較し，たし算には増加，合併があることに気づくための活動を行ったりすることもできます。

❸ 過程をしっかりみることができる

図や表を描くことが苦手な子は，どのように操作をしたらよいのか，描いていったらよいのかといった過程がわからないということが理由になっていることがあります。しかし，デジタル数図ブロックを使用すると，端末上で操作している様子を，図が完成するまでの過程をしっかりみることができます。それをみればどのように描けばよいのか，操作すればよいのかがわかります。

❹ いつでも使用することができる

机のなかからではなく，これからは，**クラウド**から取り出すことになります。これによって，数図ブロックを学校においていても，家で数図ブロックを用いて考えることができます。

また，授業中に自分が必要なタイミングで，数図ブロックを取り出し，考えることができます（詳しくは110ページをお読みください）。

子どもにとっては，机のなかから取り出す箱から数図ブロックを取り出す，この２つの行為だけで，面倒くさいと思ってしまい，自分のタイミングで使おうとは思わなくなります。

❺ 机の上のごちゃごちゃ感がなくなる

これまでは数図ブロックを出したとき，教科書，ノート，筆箱，タブレット端末……と机の上がごちゃごちゃしてしまっていました。また，数図ブロックを下に落としてしまい，なんだか騒がしい雰囲気になってしまっていました。それがタブレット端末の場合だとなくなります。より集中できる環境になります。

　1年「何番目，何番」の学習です。順序数と集合数といわれる子どもたち
が苦手としている学習です。以下のようなものを，単元最後で使用するため
に作成しました。

　単元最後に，子どもたちが問題づくりを行うことで，学びを深めようと考
えました。ゼロから問題をつくることはこの時期には難しいと考えたため，
「まえ」か「うしろ」，「なんばんめ」か「なんばん」を自分で選択すること
ができるだけでなく，子どもの人数を変えたりまんたくんの場所を移動させ
たりすることができるようにしました。そのため，容易に問題をつくること
ができます。

　「問題づくり→相手に問題を出す→問題作成者が採点する」といった活動
の流れにします。そうすることで，自分たちでどんどん問題に取り組むこと
ができます。

　というように，ねらいや内容が自分の中で固まっていないと上のデジタル
教具を作成したり，使用したりしようとは思わないことでしょう。

　このデジタル教具は，１時間目「何番の学習」から使用（次ページの左の
画像を参照）しました。そして，２時間目「何番目の学習」でも使用（次ペ
ージの右の画像を参照）しました。単元を貫く教具をデジタル教具の場合は，
簡単に作成することができます。

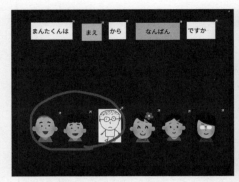 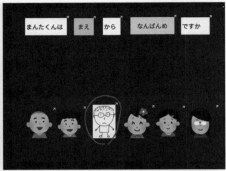

　また，上記のように比較をする活動を取り入れることで，「何番」と「何番目」との違いについて気づくために使うこともできます。

4 デジタル教具②「位取り表」

位取り表をデジタル教具として作成しました。

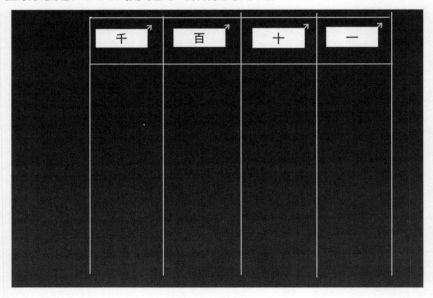

これは２年「1000より大きい数」の学習で，位に着目して，数を整理するために作成したものです。以下のように使うことができます。

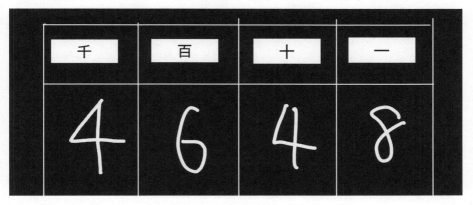

デジタル教具「位取り表」を１度作成していると，画像のように千の位までだけでなく，整数以下の位を作成したり，千以上の位を付け加えたりして，上記の単元以外でも使用することができます。

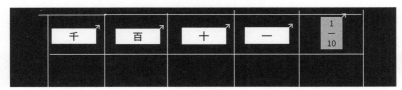

他にも次ページの画像のように筆算の単元で使用することができます。

▍ **１つのデジタル教具からアレンジすることができる**

というのもデジタル教具のよさです。

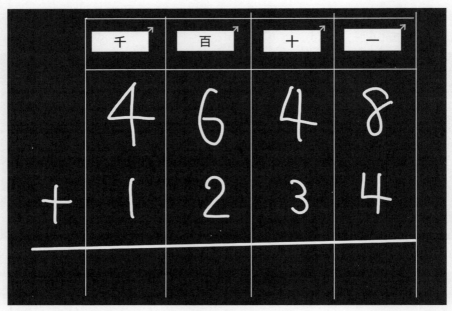

　位取り表を子どもたちに渡しておけば，子どもたちがアレンジして，使うこともできます。

5　クラウドを使う

　学習支援アプリには，クラウド機能がついていることでしょう。

クラウドに算数アイテムを入れておき，いつでも子どもがクラウドから取り出し使うことができる

ようにすることで，クラウドを有効活用していきます。拙著『これでどの子も文章題に立ち向かえる！算数授業づくり』で紹介した，私が文章題を考えるための，ドット図，数直線，テープ図，４マス関係表などといった図や表を算数アイテムといっています。103，108ページで紹介した数図ブロック，位取り表も算数アイテムといえます。

　ただ，クラウドにアイテムを入れておくだけでは，子どもたちは使いません。工夫が必要です。

　カードの右下には，ドット図，数直線，テープ図，４マス関係表などの描き方の説明を入れておきます（次ページを参照）。こうすることで，子どもが文章題に困ったときには，その説明をみながら，子ども自身で図を描いたりすることができるという工夫をしておきます。

　文章題の図や表もタブレット端末同様に経験を積めば積むほど，子どもたち自身で使用することができるようになります。現実は図や表を描く指導にそれほど時間を割くことができません。また，今は使っていたとしても，常にアイテムを使うわけではありません。図や表の描き方や使い方を忘れてしまうのは，仕方がありません。だから，自分で描けるように右下に説明を入れておきます。

　さらなる工夫として，ドット図，数直線，テープ図，４マス関係表などのカードごとに色を変えておきます。そうすることで，図を提出したときに，誰がどのような図を使ったのか，すぐに把握することができます。図はあくまでツールです。文章題に対して，どれを使って，考えてもよいはずです。これらの取り組みはノートではなかなかできないことです。

　算数アイテムを使わせる時間もあれば，算数アイテムを子どもたちが選択する時間を授業で設ける工夫も必要です。

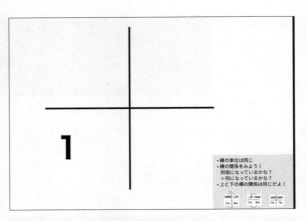

6 タブレット端末を導入するとマイナスになる？

「タブレット端末を導入すると，計算する力が今ほど必要なくなりますか？」

という質問を受けることがよくあります。タブレット端末を導入したことで，これまで大切にしてきた「読み・書き・計算」の重要性が薄まっていくのではないかと心配されている方も多いことでしょう。確かに，日常生活でもスーパーマーケットで，だいたいこれらの商品は何円ぐらいかなと考えるときに，スマホを取り出し，値段を計算したりします。

これは算数の話だけでなく，アプリを使えば翻訳してくれたり，英語の音声が再生できたりするため，英語なんて勉強しなくてよいではないかといった話と似ています。私は英語が苦手です。アプリをすぐに使おうとしてしまいます。Google 翻訳もあります。無料で使えますし，世の中便利だなと思っています。

算数だと，電卓を使うと，自分で計算しなくても答えを正確に求めることができます。私もタブレット端末を導入したとき，子どもたちがどれほど電卓のアプリを使用するのか（検索をすれば，無料の電卓を発見することができます）心配に思っていました。

最初は，想定よりも多くの子が電卓を使っていました。そんな問題で使う必要はないと思うような問題でも，子どもたちは使っていました。「今は電卓を使うことはやめよう」と言うときもありました。

しかし，数ヶ月たつと，電卓を使っている子がほとんどいなくなりました。不思議に思い，子どもたちに理由を聞くと，

面倒くさい

という答えが多く返ってきました。電卓に数字を打ち込む間に，暗算で計算した方が，ささっと筆算を書いて求めたり，暗算したりした方が早いというのです。確かに，英語の場合でも同様です。飛行機で，食事提供のときに「fish or chicken」と聞かれたとき，わざわざアプリで翻訳をしたり，何

というのか調べたりするのは時間がかかります。こういうわかるときは，アプリではなく，自分の力を頼ればよいのです。そう考えると，

▌**タブレット端末を導入したとしても，計算する力はこれからも大切**

ということになります。ただし，海外で話しかけられたとき，1回目で聞き取ることができなかったら，翻訳アプリを使えばよいというように，

▌**場面によって使い分ける力**

が子どもたちにも求められているということです。

> **1組がボール投げをしました。**
> 20m，25m，12m，14m，32m，21m，33m，9m，15m，17m，26m，
> 29m，11m，14m，25m，12m，14m，27m
> **1組の平均は何mですか。**

といった6年単元データ活用領域の問題があったとします。子どもたちは，こういったたくさんの数が出てくる問題や割り続けないといけないわり算や大きな数同士のかけ算や小数のときには，電卓アプリを使用しようとします。

　私はこういう問題なら電卓を使ってもオッケーにしています。「え!?　使っていいの」と思われた方もいることでしょう。なぜならこの単元は，平均値，中央値，最頻値といった代表値の意味や求め方を理解することや，資料から度数分布表や柱状グラフに表すことや，度数分布表や柱状グラフに表されたものを読むことをねらいとしているからです。計算をするということがメインのねらいではないからです。

　このようにねらいを確認しているということは，つまり，

▌**これまでのような授業づくりが必要**

ということです。タブレット端末を取り入れると，AI型ドリルやデジタル教科書があるから教材研究をしなくてよいという話を聞いたことがあります。これは完全に誤解です。

　また，算数の授業で電卓を使うとなると，なにか背徳感があるような気が

しますが，

┃ 使うことを認める

という教師の思いも大切になってきます。

┚ 予想を超える子どもたち

　1年生を担任していたときです。計算問題のプリントを宿題として出しました。ある日，4＋1の答えとして，「5です」と書いていました。よくみると，他の答えにも「です」とついていました。なぜ，この子が「です」と書いていたか，みなさん想像できるでしょうか。

　実はこの子は，「Hey Siri！　4＋1は」と聞いていたのです。それに対して，「5です」と表記されるため，この子はそれをそのまま書いていたのです。この子は人工知能に問題を言い，答えを聞いていたのです。

　これを聞いて，私は「なるほどな～，その手があったか」とその子がしたことに呆れるというより，驚きました。このように使うことは予想していなかったことです。算数に限らず，タブレット端末の使い方はこちらの予想を超えるときが多々あります。すべてがプラスなことであればよいのですが，トラブルなどのマイナスなこともあります。マイナスなことがあったときには，その都度，子どもたちと話し合っていくことが大切です。禁止にすることは簡単です。そうではなく，話し合うことで，学級づくりへとつなげていきたいものです。

　この事例で1番の疑問だったのが，この子は人工知能を使わなくても，しっかり計算をすることができる子でした。なぜ使ったのか，理由を聞いたところ，「自分の答えを確かめたかったから」という返答でした。「まずは自分の答えを書いてから確かめたらいいじゃん」とその返答にモヤモヤ感は残ったものの，「なるほど，そういう使い方もあるのか」と思いました。

　その一方で，人工知能を使わなくても，自分自身で確かめのために計算をした方が早いとも思いました。もし，この子が自分で計算した方が早いとい

うことを思わず，人工知能を使ったのなら，それは問題です。

　前述しましたが，これからの時代は，

**場面によって子ども自身が使い分けをすることができないと，先端技術の
デジタルが子どもたちの学びを妨げる**

ということになります。

　場面によって子ども自身が使い分けることができるようになるには，子ど
も自身が選択するという機会をつくれるかがポイントになってきます。

8 アナログ教具を使う場面

　タブレット端末上で角度を求める問題（三角定規を組み合わせた問題）を
出したことがあります。そのときに，タブレット端末上に分度器を置き，問
題を解こうとする子がいました。問題を解くには，分度器は必要ありません。
その子の姿をみたとき，「分度器を使う必要はない」と思ったのではなく，

「タブレット端末上にアナログの分度器を使うのは違う」

と違和感を感じました。

　デジタルとアナログが融合する場面はありますが，使い方を失敗すると，
このような違和感だらけの姿になってしまいます。

　私の経験則ですが，

・定規や分度器やコンパスなどの量の大きさについての感覚

・しきつめ，展開図を描く，立体をつくるといった図形についての感覚

に関わることについては，まだまだタブレット端末の性能上

デジタル教具で取り組ませるより，アナログ教具で取り組ませる方がよい

と感じています。

・定規，物差し　・分度器　・コンパス

などの道具はこれからもアナログにこだわり，紙媒体で取り組むことでしょ
う。

　一方で，数についての感覚に関わることは，デジタル教具でなくても構わ

ないと考えています。

　2年「1000までの数」の単元にて，以前（コロナ前）に，グループごとに一円玉が大量に入っている袋（1000枚入っているグループ，999枚入っているグループ）を渡し，

袋には一円玉が何枚入っているでしょうか。

という授業を行ったことがあります。数えていくときに，教師が何を言わなくても，10枚ずつ，100枚ずつ数えていきます。そこから，「10枚ずつ，100枚ずつ」ということを子どもたちから引き出すということをねらいとしていました。

　この授業を行うための準備として，1000円札を一円玉に両替するのに，1つの銀行で両替できる枚数が制限されていたため，いくつかの銀行を，数日かけてはしごをしました（しかも手数料がかかった記憶が……）。

　しかし，タブレット端末を使えば，1個の〇からすぐに1000個の〇を複製することができます。タブレット端末を使用しても，「数える」という活動は変わらないため，上記のような「10枚ずつ，100枚ずつ」ということを子どもたちから引き出すことができます。

　4年「角度」の学習では，

体で　　　度をつくり出しましょう。

という課題にタブレット端末で取り組んだこともあります。

　自分が240度と思うように体を使って表現し，写真を撮り，それが120度になるのかを分度器を使用し，測定するという流れです。

　子どもたちのなかには$180+\alpha$，$360-\alpha$という見方ができない子は多いです。この活動から，

「あと少し増やしたら240度になる」

「もうちょっと減らしたら240度になる」

といったつぶやきが聞こえてきます。分度器の技能を高めるというねらいではなく，180＋α，360－αという見方を身につけることをねらいとしていました。

　つまり，アナログ教具がよいといった単元でも，ねらいによっては，タブレット端末を使って取り組めます。

　103ページでデジタル数図ブロックを紹介しましたが，それでも１年生の最初の単元である，具体物と半具体物を１対１対応をさせたりすることや，５までの数観念を養う単元では，これまで通り，アナログの数図ブロックを使い取り組んでいき，数字を対応させたり順序よく数えたりしていくことが大切だと考えています。

　ここで，アナログを使い，数観念を養うことができたら，そのあとはデジタルでよいと考えています。基本的には，

▌ アナログ→デジタル

の流れになるのではないでしょうか。そして，

▌ ・アナログがよいときもある

▌ ・学年が上がるにつれて，タブレット端末を使う頻度が上がる

▌ ・だからといって，低学年でタブレット端末を使わないわけではない

ということは，気をつけていきたいことです。

　本書の執筆段階で１年生の担任代行になりました。算数授業はほぼ毎回タブレット端末を使用しています。デジタルだけにならないように気をつけていますが，１年生も使用していくことができます。

　また，デジタル教具を作るときには，教師が掲示したりするためのデジタル教具ではなく，子どもが操作できたり，書き込めたりといった

▌ 子どもが使うことができるデジタル教具を作っていく

ことがこれからは求められています。

　既製品ではなく，教師が作るワークシートはデジタルに置き換えることができる可能性が高いとも考えています。

5

算数授業の進め方で
意識していること

1　自分の算数授業を解体せよ

東京大学総長の五神真氏が2020年度東京大学学位記授与式総長告辞にて，

デジタル革新は，印鑑をそのまま電子印に替えるような，既存の仕組みを
そのままデジタル化することではありません。そもそもなぜ印鑑が必要だっ
たかという原点にまで立ち返り，最新のサイバー技術を存分に活かし，新た
な社会制度の構想と統合とに取り組むべきなのです。

と述べています。

　私はこれまで「ここまでに行ってきた算数授業をベースにして，タブレッ
ト端末でできることを置き換えていくことが大切」ということを主張してき
ました。この主張は半分正解で，半分不正解だと考えるようになりました。

　五神氏が言うように既存の仕組みを全くそのままというわけではありませ
ん。ここまでに行ってきた算数授業をゼロに戻す必要もありません。

　これまで算数授業で大切にしてきたことと，タブレット端末を使ってどう
授業を変えたいのかという構想を統合していくために，

算数授業を解体し，組み立て直す

ということが必要だと考えています。

　2020年度，コロナによる学校一斉休校になったとき，オンライン授業を行
っていた方は，これまでの学校の授業をオンライン授業でそのまま行うこと
は難しいということに気づき，オンライン授業用に組み立て直したはずです。
その感覚に似ています。

　組み立て直すためには，算数授業の一つ一つの活動にどのような意味があ

るのか，そんな原点まで戻る必要があります。それは１時間の算数授業だけでなく，単元を通して組み立てていく必要があります。

　これは経験則ですが，授業を組み立て直した結果，算数授業が「シンプル」になったと思っています。私は以前，「樋口先生の算数授業って，こねくり回した授業だよね」とか「子どもが這い回る授業だよね」と言われたことがあります。組み立て直した結果，問題や授業展開がシンプルになりました。

　前書『GIGA スクール構想で変える！１人１台端末時代の授業づくり２』にて提案をしたように，１人１台端末の授業では，単元内において，

┃ ①自分の考えを表現・形成する
┃ ②考えを共有する
┃ ③自分の考えを深化させる

という３つの活動をしっかり位置づけることが大切だと考えています。

　４年「平行と垂直」の実践です。

身の回りのものから平行もしくは垂直なものを探し出しましょう。

という課題を出し，活動に取り組みます。

このとき，

> ・平行な関係のところには赤い線・垂直な関係のところには青い線
> ・迷っている関係のところには黄色の線

を引くようにしておきます。これは，「**①自分の考えを表現・形成する**」場面にあたります。

　活動後，撮ってきた平行や垂直なものを交流します。子どもたちは，他の子がどのような画像を撮ってきたのかが気になっています。これは「**②考えを共有する**」場面になります。

　ここで終わってしまっては，「**③自分の考えを深化させる**」場面がないということになります。1番の話題にすることは，迷っている関係の黄色の線がある画像です。その画像を使い，「この画像は，垂直なのか平行なのか，それとも違うのか」についてみんなで考えることで，考えを深めていくことができます。

> **子どもたちが迷っていること・悩んでいること・ひっかかっていること**

を全体の話の中心にもっていくことが自分の考えを深化させるために大切になってきます。

　拙著『そのひと言で授業・子供が変わる！算数7つの決めゼリフ』では，授業終盤にいつでも「は・か・せ」と聞くことに反対し，場面によって使い分ける以下の7つの決めゼリフを提案しています。

---

(1) 「〇〇（大切な・わかった）ことは何？」

(2) 「早く・簡単に考えることができそうなのはどれ？」

(3) 「それぞれの良さは何かな？」

(4) 「どんなときでも使えるのはどれ？」

(5) 「もし〇〇でも大切にしたいことは何？」

(6) 「同じ（共通している）・違うところは何？」

(7) 「これまでの学習と似ている（違う）ところは何？」

多様な考え，納得解の問題に対する考えにおいて，この7つの決めゼリフを使用することで，「③自分の考えを深化させる」活動にもつながります。

私の経験則ですが，1人1台端末の授業では「②考えを共有する」で終わってしまう授業が増えてきているように思います。課題に取り組み，終わる。これだと，プリントを配付され，そのプリントに取り組む活動と何も変わりはありません。それでは，タブレット端末を活用したとはいえません。

また，②のあとにただ練習問題をする時間になったり，その続きを家庭学習である自学ノートで取り組ませたりするという実践も聞いたりしますが，はたしてそれで深い学びを実現することができているのでしょうか（自学ノートはそもそも自ら学ぶためだと考えています。授業時間が足りなくて，その続きを自学ノートというのは，自学ノートの意味が……）。

この「③自分の考えを深化させる」ということは，学習してきたことを統合・発展，活用させる，つまり，深い学びを実現するときです。

4年「角度」の学習では，「体で□度をつくり出そう」の実践も，例えば「$180+\alpha$，$360-\alpha$のどちらの考えが早く解けますか」と聞くことで，それぞれの考えを振り返りながら，自分の考えを深めていくことができます。

授業がシンプルになったおかげで，

｜ 様々な考えが出てきてからが，算数授業は勝負！

だと考えるようになりました。

2 授業づくり2021

単元内において，

｜ ①自分の考えを表現・形成する
｜ ②考えを共有する
｜ ③自分の考えを深化させる

ことをしっかり位置づけた算数授業にしていくためには，まずは，単元全体で授業をつくっていくことが大切です。前日に，「明日の算数授業，何しよ

うかな～」という授業づくりではなく，まとめて授業づくりをするというイメージです。そのために，

▌ **単元の目標を確認します。**

そして，

▌ **本単元における見方・考え方を確認します。**

単元の最後のゴールの姿，そして単元を通して働かせ続ける見方・考え方とは何かを確認します。特に，この見方・考え方は，単元を貫くものだと考えています。

そのうえで，毎時間の目標，内容を確認します。そして，

▌ **その目標，内容と数学的な見方・考え方とを関連づけながら，各時間の授業について考えていきます。**

下の画像は，授業づくりをしているときに書いたメモ書きのようなものです。

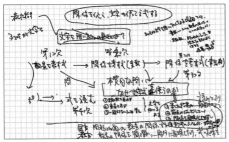 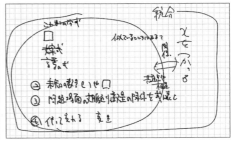

学習指導要領に載っている数学的な見方・考え方は抽象的な文章で，私は難しいと感じています。だから，前の単元や次の単元の教科書の内容や数学的な見方・考え方を確認しながら，本単元の数学的な見方・考え方を確認するようにしています。

また，その単元で出てくる用語についても，自分の言葉で説明することができるのか確認することを大切にしています。深沢真太郎氏は，『数学的思考トレーニング―問題解決力が飛躍的にアップする48問』にて，

ということを述べています。つまり，例えば，「文字と式」という単元であれば，文字を使った式をしっかりと定義し，自分の言葉で説明することができるのかということです。文字式を

① 「文字や記号を使った式」と捉えるのか

② 「文字や記号などを用いて，事柄や関係を表した式」と捉えるのか

では雲泥の差があります。②のように自分の言葉で説明することができていれば，

・どのような問題で文字や記号などを用いて，事柄や関係を表していくのか

・文字や記号などを用いて，事柄や関係を表すことがどこまでできたらよいのか

といったことを考えることができます。①のように捉えていたら，きっと事柄や関係を表すことを大切にしない授業，つまりは見方・考え方を働かせていない授業になることでしょう。

　私は本書を執筆しているときは，1年生の担任代行をしていますが，たし算，引き算とは何か，しっかりと自分の言葉で説明できるのかを確認するようにしています。自分の言葉で説明するのが怪しいときは，指導書や『算数教育指導用語辞典』（教育出版）を使って，調べるようにしています。

　各時間の板書計画や発問などを考えることも大切ですが，それを考える大前提として，このような単元を通したものを考えないといけないと考えています。次ページの画像は，雑な字なので読みづらいところはあると思いますが，メモ書きだったものを最終的にまとめたものです。

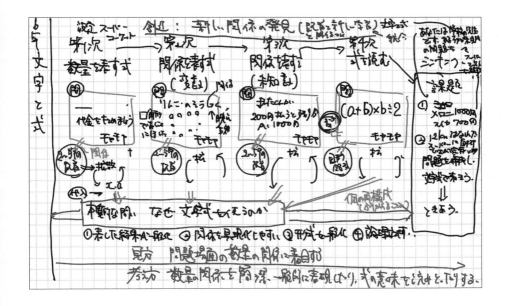

3 めあてについて考えよう

　ある年の４月に５年生で算数授業をしているときに,

「めあては～？」「めあては何ですか??」

と多くの子が質問をしてきました。「え!?」と違和感を抱き,

「問題は先生がみんなに提示をするもの。でも,めあてや問いは自分のなか

でつくり出すもんなんだよ」

と言うと,教室中がシーンとしてしまいました。

　問題は教師が提示するものです。

　そして,めあては提示された問題によって生まれる違和感,ズレ,疑問,

考えてみたいことからつくられる目標になります。つまり,めあてとは,子

どもたちのなかから引き出すものです。そのために,これからも問題場面や

展開を工夫していくべきです。ただ,めあてを教師が示す授業からは脱却し

ないといけません。

基本的には，問題より先にめあてが最初に来ることはありません。ただ，前時の続きといったように，単元を通した学習が行われていたときには，めあてが最初からある場合があります。

　また，子どもたちは単元を通して，どのような学びをしてよいのかがわからないため，めあてがわからないということも考えることができます。

　そして，「平行四辺形の面積の求め方について考えよう」といった「〜について考えよう」という目標は曖昧です。だから，
①「今日のめあてはどうなるかな」と自分で考える
②めあてを考えついた子から近くの子たちと話し合いをする
③全体でめあてを共有する
といっためあての具体を考えるような展開もあります。

　「〜について考えよう」というめあてをただ提示するのではなく，子どもたちのものへと変えたいものです。

　上記の「平行四辺形の面積の求め方について考えよう」を提示されたとき，「もう公式，知っているもん」と思う子は多くいることでしょう。

　ただ，公式はわかっていても，なぜその公式になるのかについてはわからないという子は少なくありません。

　そこで，先に公式を教え，

▎**平行四辺形の面積はどうして「底辺×高さ」で求めることができるのか**

という問題を提示すると，どの子も平行四辺形の面積の求め方について考えます。公式「底辺×高さ」を先に教えてよいのかと思われる方もいるかもしれませんが，この課題を解決するには，結局は既習である長方形や正方形の公式や三角形の公式をもとに考えることになります（三角形は教科書会社によります）。子どもにとっては同じ活動になります。

　「〜について考えよう」というめあてを確認したあと，子どもたちとどうしたら達成できるのかを考えたり，ルーブリックを設定したりすることも活動めあてといえることでしょう。このような問題にすると，めあてを書かなくても，子どもたちは動き出します。

4 多様な考えをどう扱うのか

　多様な考えが出てくる場面では，よりタブレット端末を使える場面になります。前述のように，相手に考えを伝える，自分で考えを整理しやすい場面になるからです。

　多様な考えの扱い方には，苦労している先生は少なくありません。教科書にはいくつかの考えが掲載されています。3つ考えがあったなら，3つすべてを子どもたちから引き出し，授業で扱いたいものです。しかし，実際の授業では，2つしか考えが出なかったり，3つ以上の考えが出てきたりして，

> ・残り1つの考えをどう出させるのか
> ・考えを絞るためにはどうしたらよいのか

などと悩まれたことがあることでしょう。私も悩んでいたことがあります。

　どうしても授業で2つの考え方しか出てこなかった場合は，私は
「実はもう1つ考え方があるんだよ。もう1つの考え方はどのような考え方なのか，教科書から情報を集めてごらん」
と言うことがあります。

　考えが多くなった場合には，
「教科書には3つの考えが載っているんだよ，どの3つだと思う？」
「4つ目，5つ目を考えることができたということは，教科書の考えを超えたんだよ。すごい」
と言うことがあります。どちらの場合もこれだけで終わるのではなく，
「残り1つの考えを3人に説明してみよう」
とアウトプットする場を設けたり，
「その考えを使って，この問題を解いてみよう」
と考えを使う場を設けたりします。

　無理に考えを出させよう，出させようとすると授業の流れがスムーズではなくなります。

5 教室環境を再考せよ

　これまでの多くの教室環境は，黒板に対して，子どもの机が向いている状態です。この状態が全くダメというわけではありませんが，この教室環境も考える必要があります。

　本書の執筆段階では，コロナ禍でまだまだ厳しいところはありますが，1人1台端末の算数授業では，常に子どもたちが話をすることができるように，コの字やグループといった机配置をベースにしておくことが有効だと考えます。

　本校は，コの字やグループといった机配置にするということが決まっています。私は本校に来るまでは，オーソドックスな形で行っていました。コの字やグループといった机配置をした年もありましたが，それは40人以上の人数がおり，教室の広さからそのような形にしていました。

　だから，最初は常にコの字やグループといった机配置に抵抗がありました。

　実際にはコの字やグループといった机配置に取り組んだときには，悩みもありました。しかし，その悩みを超えるくらいの協働する姿を子どもたちから感じました。メリットがデメリットを超えました。それ以降は，常にコの字やグループの机配置がよいと思うようになりました。

　98ページで紹介している「考える時間」もコの字やグループの机配置でないと機能しません。教師が指定したときにしか，協働できない環境からの脱却をしないといけません。

　タブレットを使用すると，頭を寄せ合い，1台の画面をみながら，お互いの画面をみせ合いながら，話し合う姿がとても増えます。ノートとは違い，タブレット端末にはみやすさがあります。だからこそ，常にグループの方がよいと考えています。

※写真はコロナ前の写真です

6 スライド

　学年が上がるにつれて，自分の考えをまとめるために，スライドを作ることが多くなることでしょう。口で言えば済むようなことはスライド提出させません。時間がかかるだけです。

　スライドに自分の考えを書くときには，

・最初に考えの結論を書く

・1行あけてから理由を書く

というように書いていくと，相手にも考えが伝わりやすくなります。国語の説明文にもつながる話です。だらだら書く長文は相手には伝わりません。

後攻が有利

最初は、
封筒の中には赤2枚と青4枚＝1:2
となっているが、ルールに沿うと最初に引いた人間が
どちらを引こうが、赤青共に2枚づつ増えることにな
る。
比率と2枚増えることは比例しておらず、2枚増えると
1:2は2:3となり、後になるほど赤を引く確率が増える。
つまり、先攻より少し赤が出る確率が高くなっている
後攻の方が、有利という訳。
(あくまで青の確率に近づくだけで、青も同じように増
えているのだから、赤が当たる確率が青が当たる確率
を上回ることはない。)

　完成形のスライドをみせられても相手には伝わらないときがあります。な
ぜその考えになったのかという過程をみせながら説明した方が相手に伝わり
やすい場合もあります。相手によって，どのように説明していくのかは子ど
も自身が選択していくことが求められます。

　そのために，上記のことを子どもにも伝えます。そして，それだけでなく，
考えを説明するときに，１度にすべての考えを伝えるのではなく，途中で止
め，

「ここまでいいかな？」

と相手に聞きます。もし，よくわからないといった反応があったときには，
もう１度説明するようにしています。

算数科におけるタブレットを有効に使う場面の11の例

① 考えや情報を整理するために使用する

② ①をふまえ，考えを形成するために使用する

③ デジタル教具を使うために使用する

④ 表やグラフなどを作成するために使用する

⑤ 自分の考えを伝えるために使用する

⑥ グループで考えを交流するときに使用する

⑦ 全体で考えを交流するときに使用する

⑧ 相手に考えや情報を送るために使用する

⑨ 振り返るために使用する

⑩ ノート代わりに使用する

⑪ 情報や考えを集めるために使用する

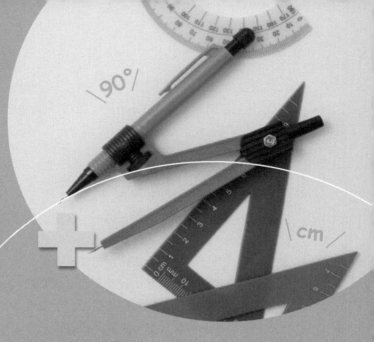

4章

子どもたちが考える！
1人1台端末の算数授業
9つの利点

拙著『GIGA スクール構想で変える！1人1台端末時代の授業づくり』では，子どもたちが考える1人1台のタブレット端末ありの授業のよさとして，9つに分類をしました。

---

① 場所・時間を問わずに取り組める
② 情報を送り合うことができる
③ 自分が必要な画像や動画などのデータを蓄積することができる
④ 自分の考え・動きを可視化することができる
⑤ 友達の考えをすぐに知ることができる
⑥ 子どもたち自身で考えを比較することができる
⑦ 子どもたち自身で考えを整理することができる
⑧ 子どもたち自身で考えを分析することができる
⑨ 子どもたち自身で考えを構造化することができる

4章では，これら9つの算数授業の場面について，紹介していきます。

この9つのよさは，1時間の授業で1個というわけではありません。1時間のなかで，複数出てくることが多くあります。

　6年「拡大・縮小」の単元で，最後の時間（2時間扱い）に以下のような問題に取り組みました。

> **あなたはリフォーム会社に勤めています。**
> **学校のどこかをリフォームしてもよい予算が下りてきました。**
> **そこで，学校のリフォームする場所を決め，リフォームをするための設計図を描きましょう。**

　これを考えていくために，子どもたち自身が決めた場所に行き，測定をします。測定するために，メジャーとタブレット端末にある測定機能を使って行いました（タブレット端末にある測定機能は，正確ではないことを伝えておきます）。

前ページの写真の子どもたちは，白い線を追加したいということになり，測定している様子です。本校は人工芝のため，白線などを描くことが難しいです。子どもたちは白線が引けないことを不便に感じていたようです。

　タブレット端末上でメモをし，教室に帰ってきて，実際の長さを縮小する計算を1時間目に行っていました。

　しかし，2時間目になると，多くの子どもたちが教室に帰ってこなくなりました。その場で実際の長さを縮小する計算を行っていました。

▌教室だけが子どもたちの学びの場ではない

ということに改めて，気づくことができた瞬間でもありました。タブレット端末の持ち帰りがスタートしました。クラウドがあるため家庭でも学校でも，学習の続きに取り組むことができます。

　この「①場所・時間を問わずに取り組める」は，教師の授業づくりにもいえます。授業づくりをするときには，これまで教科書，指導書，ノート，教育書，学習指導要領……と大量の本，ノートが必要でした。休みの日に，家で授業について考えようと思うなら，これらの大量の本，ノートを持ち帰らないといけませんでした。

　しかし，タブレット端末のなかにデータを入れておけば，タブレット端末1つあれば，通勤中の電車のなかでも授業づくりを行うことができます（電車通勤をしているとき，時々，教科書や指導書を取り出し，授業を考えている人に出会うことがあります。さすがに……）。

　大量の本を持ち帰りたくないために，コピーを取る方もいます。しかし，タブレット端末にデータを入れておくと，コピーをする時間がなくなり，違うことに時間を使うことができます。「コピーをする時間って，5分，10分ぐらいでしょ」と思われるかもしれませんが，ちりも積もれば，莫大な時間になります。5分，10分あれば，まる付けを何人行うことができるでしょうか。時間は誰もが同じ24時間です。有効に使っていきたいものです。

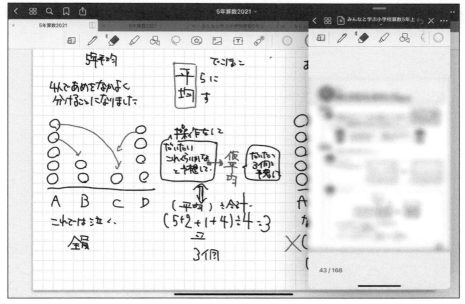

左側…ノートアプリ，右側…教科書のデータ

② 情報を送り合うことができる

　学習支援アプリには，情報を送り合う機能がついているアプリが多くあります。そこで，自分の考えを交流する場面で，情報を送り合う活動を設けます。

　しかし，自分が必要としない情報は必要ありません。送られたとしても，迷惑なだけです。数年前，電車内で AirDrop で知らない人から画像が送られてくるというニュースがよくありました。そのように感じてしまいます。

　子どもたちは，

自分が考えていることに不足部分があったり，相手の考えていることがいいなと感じたりした

ときなどに，相手から情報を送ってほしいと考えます。

このとき，最初はＡという考えをもっていて，Ｂという情報をもらったら，考えは変化します。ただ，その変化の仕方は，

①Ａ＋Ｂ → Ａ （Ａという考えがより強化されるイメージ）
②Ａ＋Ｂ → Ｂ （Ｂという考えがメインになるイメージ）
③Ａ＋Ｂ → Ａ＋Ｂ （Ａ＋Ｂという考えのイメージ）
④Ａ＋Ｂ → Ｃ （全く考えが変わるイメージ）

というように１つには限定されません。どれにしても，自分の最初の考えより強化されたり，考えが構築されたりします。

　６年「データの活用」の単元では，「PPDAC サイクルを自分たちの力でまわす」ということをねらいにして進めていきました。

　ある班が，「男子の方が大きい声を出すことができるのか」という問いを設定しました。そこで，体育館で一人ひとり大きな声を出し，dB アプリを使用し，声の大きさを測定しているのが，次ページの写真になります。4人グループであれば，１人が進行，１人がデータを読み上げる，１人が記録を書く，１人が次の人を促していくといったように，効率よく活動を行うこともできます。

　これまでだと，誰かが記録をノートに書き，そのノートをみながら考えていくか，記録をノートに書き写すといったことをしていました。メインの活動ではないところで時間がかかっていましたが，タブレット端末を使うと，記録のデータを送り合うことができ，誰もが記録をもった状態で，メインの活動に時間をかけることができます。

体育館で大きな声を出している様子

③ 自分が必要な画像や動画などのデータを蓄積することができる

　子どもたちは，考えを形成するときや相手に考えを伝えるときなどにタブレット端末上にある自分の考えや情報を使って，その有効性を感じた経験がある子は，データを進んで蓄積するようになります。

　最初は何でもデータを残しておき，そのうちに自分でデータを精査したり，整理を始めます。有効に感じていない子は，そのままのことが多いです。ただ，どの子もクラウド上に自分の考えや情報などが自然と蓄積されていきます。

　１年生でも，自分が必要だと思ったことを整理したり，蓄積したりしようとする姿をみることができます。次ページの画像を作った子は，家庭で作っ

てきました。そして，次の日の授業「10はいくつといくつ」の学習で，この画像をみせながら「10も9と同じように階段になる」と説明しました。

「〇〇さん，すごいね！」と価値づけると，他の子たちも次の日どんどん真似をしていました。

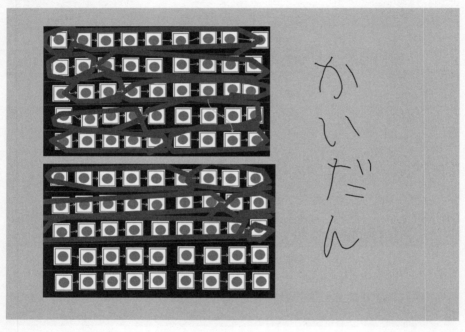

179ページで紹介している単元表も，子どもたちは自分が必要だと考える情報を整理し，蓄積していることになります。

図に描き込むことで，自分の動き合わせを可視化することもできます。

103ページで紹介したデジタル教具「数図ブロック」では，下のように描くことで，ブロックを2個「くわえる」という動きを可視化することができます。

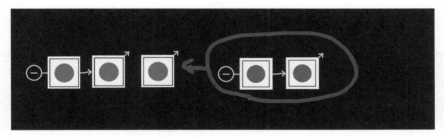

図に描き込むことで，自分の考えを可視化することもできます。

5年「平行四辺形の面積」の学習で，「高さはどこにあたるのか」ということを考えたときに，自分の考えを可視化したものです。同じ考えでも，その表し方は様々な表し方になります。

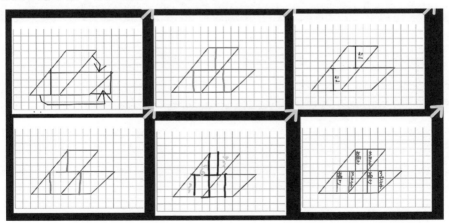

友達の考えをすぐに知ることができる

1年「いくつといくつ」の学習です。

10はいくつといくつですか。

という問題を提示し，下のデジタル数図ブロックを配信し，1つだけいくつといくつを作る時間を設け，提出する形にしました。

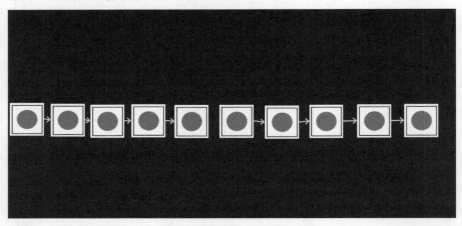

子どもたちは提出したものをみて，「わたしと同じ考え！」と言っている子や「まだ全部の種類がないよ」と言っている子もいました。そこで，全体でみんなが考えたいくつといくつを確認したのちに，「まだ出てきていないいくつといくつを作ろう」と言い，もう１度デジタル数図ブロックを配信しました。

　135ページで紹介した６年「拡大・縮小」の課題は，最後には子どもたちは下の写真のように，自分が表現したものを提出しました。

　誰がどんな場所で行ったということだけでなく，縮尺をどうしたのか，どのように描いていったのかがすぐにわかります。

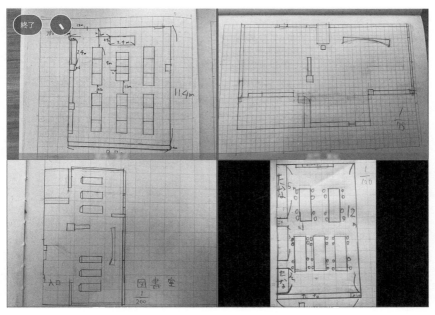

　５年「立体」の学習です。７つの立体を提示し，

仲間分けをして，仲間分けの理由をまとめる

という課題を出しました。

　全員が同じ仲間分けにはなりません。他者と自分の考えにズレがあると，自然と子どもたちは話し合ったり，考え始めたりします。

　この授業は，グループで理由を話し合ったあと，全体で理由を交流していくなかで，構成要素に着目させていきました。

　全員の考えを子どもも教師もみることができます。

　この共有する機能の使い方で，１番心配していることは，

▎教師が考えを選ぶ

ということです。子どもたちの考えをコントロールしたいがために，考えを選んでしまうということです。

　こういったことは，タブレット端末だから起こるわけではありません。これまでも，子どもたちの考えをみて，その子にホワイトボードや紙を渡し，そこに考えを書き込ませていました。そのホワイトボードや紙を黒板に発表していくといったことも教師が考えを選ぶということになります。

　気持ちはとてもわかります。ただ，タブレット端末でこの機能を使うと，先生が子どもの考えを選択するということが顕著にわかります。だから，この機能を使わないように，使えないようにしているという話も聞きます。とてももったいないことです。子どもたちの学びを妨げていることになります。

　だから，私は数年前から子どもの考えを選択することをやめ，どんな考え方でもこい‼と，どんっと構えることにしました。

　発表してくれる考えのなかには，正直よくわからないこともあります。そういったときには，

「ごめんね，先生よくわからなかったの。もう１回言ってくれないかな」

「ごめん。先生わからない。わかった子，教えて」

と正直に言うようにしています。大人がわからないのであれば，子どもたちはわかっていないことが多いです。みんなで考えていけばよいのです。

⑥ 子どもたち自身で考えを比較することができる

⑤にも出てきた，全員の考えをみることができる機能で，自然と子どもたちは考えを比較しますが，そういった比較をする場を設けることも大切です。

前書『GIGAスクール構想で変える！1人1台端末時代の授業づくり2』でも紹介したように，

「気になった考えはどれ？」

「ひっかかった考えはどれ？」

「いいなと思った考えはどれ？」

ということを意識しながらみてごらんと子どもたちに伝えます。そうすることで，子どもたちに視点をもたせて取り組ませると有効です。

このような場は，例えば，4年「複合図形の面積」の学習のときのような，納得解，多様な考えが出る場面で設けることが有効です。

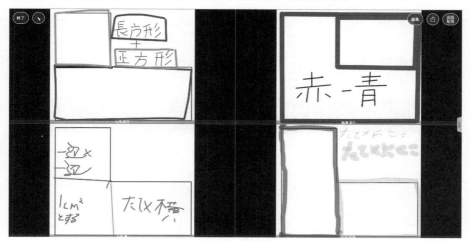

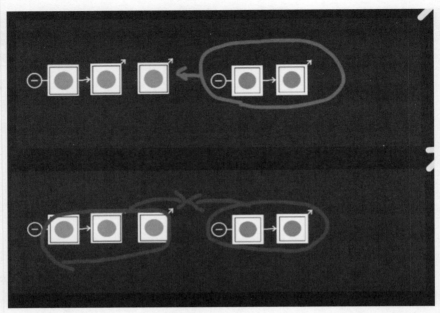

　比較する活動は，１年生でもできます。この２つの考えを取り出し，「ブロックの動きが違う‼」と言った子がいました。このように言えるということは，比較をしていることになります。

⑦⑧⑨　子どもたち自身で考えを整理・分析・構造化することができる

　5年「倍数」の学習で，

1～30を２の倍数と３の倍数で分けましょう。

という問題を提示し，次のデータを送信しました。

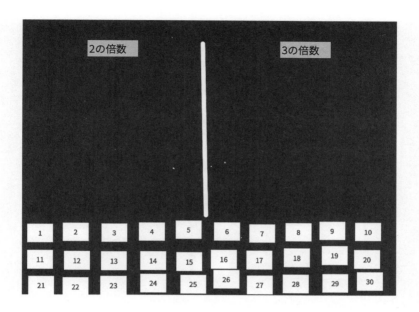

　すると，上の画像を使い，整理している子もいれば，次ページの画像のようにベン図を自分で持ち出し，整理している子もいました。

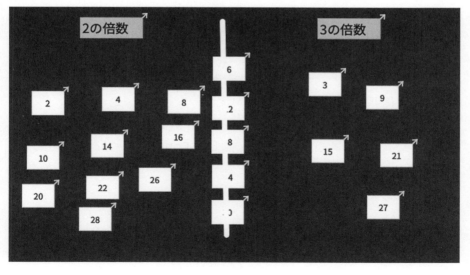

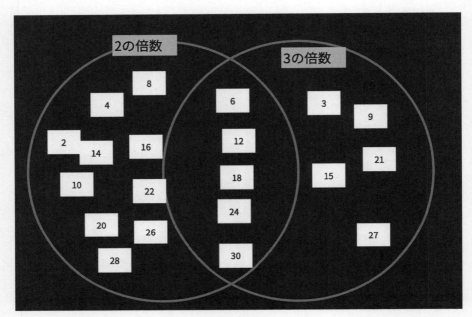

　子どもたち自身で方法を選択し，整理することで，6の倍数の存在を実感します。

　このとき，次ページの画像のように取り組んだ子に対して，
「どうして，先生が提示したものを使わないんだ！」
と言うことは，ナンセンスです。子どもが，自分の方法で考えを整理していることを認めないことは，子どもの学びを妨げることになります。自分の教育観をすぐにアップデートしてください。

　この授業は，このあと3の倍数と4の倍数，4の倍数と6の倍数の場合を考えました。次の時間も，次ページの画像のように5の倍数と7の倍数を考えました。

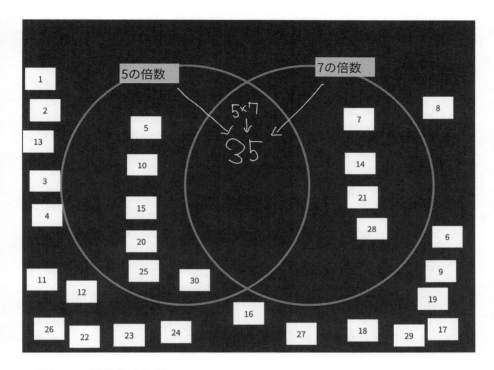

そして，授業後半には，

1～30を2の倍数と4の倍数に分けましょう。

に取り組みました。2の倍数と4の倍数はベン図で表すことができません。4の倍数のなかに，2の倍数が含まれているような図になります。

　次ページの画像はある子どもが考えたものです。この子は最初，これまでに2の倍数，4の倍数について学習してきたことを思い出し，前に作ったものをシートの上に配置しました。

　それをみながら，2の倍数と4の倍数について，ベン図で分類をしようとしていましたが,うまくいきませんでした。すると，その子は2の倍数と4の倍数のスクショを撮り，2の倍数と4の倍数で共通している数を結び，考え

ていくなかで，真ん中にある図のようになるのではないかと考えていました。

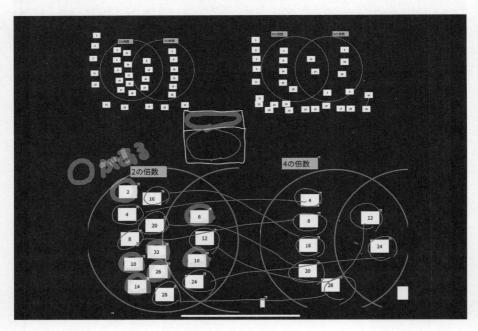

6年「文字と式」の単元最後には，以下のような課題に取り組みました。

あなたは6年生の担任の先生です。クラスの子がスーパーマーケットを題材に「文字と式」の問題を作成していましたが，問題文の途中で終わっています。問題を完成させ，できる限り多くの種類の問題（答え）を作りましょう。
・1000円のメロンと700円のスイカを買いました。

この課題に取り組むために，子どもたちは単元表（179ページを参照）にこれまでの学習を整理したものを参考にしながら，考えました。

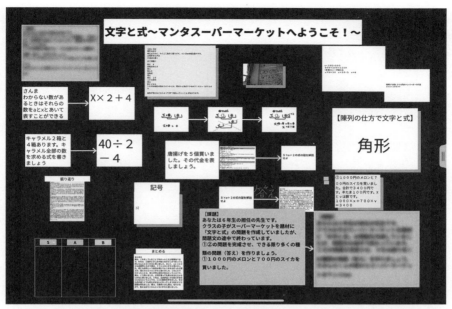

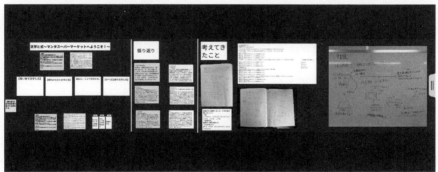

子どもたちは，それぞれで整理しやすいように整理しています。

5章

章

実践！１人１台端末の算数授業 最新アイデア

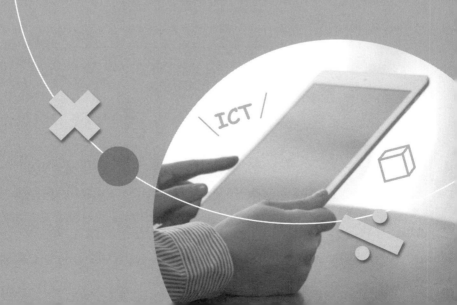

1

家庭学習と学校の授業の
シームレス化を目指して

　前述の通り，1人1台タブレット端末の授業の完成形は誰もわかりません。だから私も，この本を執筆している今もタブレット端末の算数授業を行い，実践知をためている最中です。

　そこで，この5章では，現在進行中の実践を紹介していきます。

　まず，私は with コロナの授業像，GIGA スクール構想が実現したあとの授業像として以下のような授業像を描いています。

Withコロナ・GIGAスクール構想実現で
目指すハイブリッド型授業（試案）

	AI型ドリル	オンデマンド	対面授業
技能	◎	△	○
知識	○	◎	◎
深い学び 探究	―	△or○	◎

習得

活用

ICT活用

非認知スキル

樋口万太郎（2020）

　この表は，技能，知識，深い学び・探究は，AI 型ドリル，オンデマンド，対面授業のどれに相性がよいのかを「◎→○→△」の3段階で表したものです。例えば，技能は，AI 型ドリルが◎ということになります。

　この表からわかるように，タブレット端末の家庭への持ち帰りが始まって

いる現在，技能，知識は学校以外の家庭で取り組んでもよいのではないかと考えるようになりました。

　これまでの教育は，みんな違ってみんないいといっておきながら，これまでの教育は「みんな同じがみんないい」という教育を行ってきました。

　しかし，AI 型ドリルや家庭学習により，同じ場，同じ教具，同じ進度で取り組むということから変化してきています。つまり，

▌学習のシームレス化

を考えていく必要があると考えています。

　「学校で取り組んだ授業→家庭で復習・定着」「学校で残った課題→家で続きをする」などといったことだけでなく，

- ・家庭で学習したことを，学校で深めていく
- ・家庭で取り組んだことを学校で復習・定着させる
- ・家庭学習で難しかったこと・わからなかったことからスタートできる
- ・家庭学習で問いをみつけておく，学校で問いを共有するところからスタートする

といった学習のサイクルを家庭と学校でグルグル回すことができるのではないかと考え，実践を行っています。

　そこで，2021年度に取り組んだ実践を 2 本紹介します。私は今年度 5・6 年生の算数の専科をしています。そのため，同じ授業に何度か取り組むことができます。そこで，10，15ページで取り組んだ実践の別バージョンを隣のクラスで行いました。

パターン1　5年「整数と小数」 ·····························

【家庭学習】

Google Form で提示された問題を解き，提出をします。

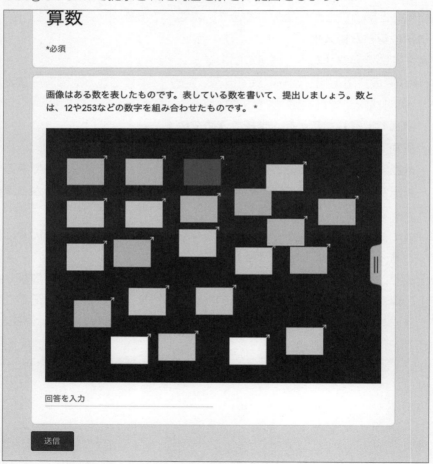

【学校の授業】

　子どもたちの回答をスプレッドシートでみることができます。事前に，どのような考えかを把握することができます。

	21
	21
	2185
	21
	2 5 9 1
	21
	12459
	21
	21
	2 4 5 9 20
	49512
	21
	21
	49512
	21,2,9,4,5,1
	45192
	127・21・352・20・22
	213522022127
	21、1253、9、6、12、15、5、4、2、1、1245
	12459・95421
	21・1253・9・6・12・15・5・4・2・1・12345・5421・352

　子どもたちに，この回答を見せるところからスタートします。あとの流れは，15ページと一緒です。先に家庭学習をしておくことで，その分の時間を話し合いの時間に追加したりすることができます。

パターン2　6年「文字と式」 ……………………………………………

【家庭学習】

スーパーマーケットのクイズ企画に取り組むという場面を伝え，以下のような Google Form に取り組みました（下記はイメージです）。

【1】（a＋4）×b÷2　の式から想像するのはどれですか。*

◯　正方形の面積の公式

◯　長方形の面積の公式

◯　平行四辺形の面積の公式

◯　台形の面積の公式

◯　その他...

【2】a=1,b=6を入れて計算しましょう *

◯　10

◯　15

◯　20

【3】a=0,b=6を入れて計算しましょう *

◯　12

◯　24

◯　36

【4】 【3】の問題からどのような図形をイメージしましたか。 *

○ 平行四辺形

○ 三角形

○ ひし形

【5】 【1】 ～ 【4】 のことから、あなたの考えたい「問い」を作りましょう。 *

記述式テキスト（短文回答）

　台形の面積の公式は，台形だけでなく，三角形，正方形，長方形に通じると いわれています。台形の面積を求める式（a＋b）×c÷2は，aが0の ときには（0＋b）×c÷2＝b×c÷2と三角形を求める式，a＝b＝c， a＋b＝2c，2（a＋b）＝cなどの条件のときには（a＋a）×a÷2＝ a^2と正方形を求める式，a＝bもしくはa＋bが2の倍数などの条件のと きには（a＋a）×c÷2＝a×cと長方形を求める式になります。このよ うに任意の数を表す文字に，条件に即した数をいれたとき，台形ではない図 形ができてしまうところにこの式のおもしろさがあります。

　（a＋4）×b÷2を提示し，この式から想起できることを問うと，既習に より台形の面積の公式と全員が答えました。

　しかし，a＝0，b＝6のときに，4×6÷2と三角形になるという問題 を提示することにより，「他の図形もできるのか」「どうしてこのようなこと になるのか」などといった問いを子どもたちから引き出すことができるので はないかと考えました。そういった問いを子どもたちに書いてもらおうと思 ったのが，【5】でした。

　実際の子どもたちの問いは，上記のような問いを書いている子もいれば， 代入の問題，少し思惑とは違った問いもありました。

【学校の授業】

❶ Google Form の問題を確認

　【1】～【4】の答えを確認していきました。そのなかで，【1】ではどうして台形の面積の公式と思ったのか，【4】ではどうして三角形の面積の公式と思ったのかといった理由を確認していくことで，どの子も学べる土台づくりを行いました。

❷ 問いを設定する

　子どもたちが提出した問いをもとに3～4人のグループを作りました。そして，子どもたちの問いの一覧表を配付し，グループで考えたい問いを設定する時間を設けました。

面積の求め方と，文字式のつながり（関係）を考えよう！
（a＋4）×b÷2の台形を求めるとき，aを3，bを4と入れたときの面積
(1)の問題は必要があったのか
a＝6，b＝0を入れて計算しましょう。また，この式では三角形もしくは四角形の面積を求めることはできますか？
4番の問題は，三角形でもひし形でも，どちらでもいけるのではないか？
台形の面積を答えなさい。　（x＋3）×a÷2　x＝8　a＝12
a＝3　b＝6
5×a÷2の式の謎を解読せよ！
図形の面積・文字と式には，どのような関係があるのか。
XやYの関係
式によって意味が変わるからどれがどの式なのかわかるようにしたい。
「（a＋4）×b÷2の式は，いったい何の式なのか。台形の面積を求める公式と同じだけれど，もしaが0だったら上底が0cmということになるけど，そんな台形はあるのか。
色々な文字式を使って，〇角形などいろんな考え方をするにはどうするか。
aとbの関係とは何なのか？これ以外の計算の仕方はないのか？
平行四辺形の面積の問い
なんで2で割るものと割らないものがあるのか。
a×a÷2という式があります。その時のaが7の場合答えは何になりますか。またこの式は何の公式を求める式ですか。
文字し式でも面積は解けるのか。
結局この式は何を表しているのか気になります。【2】では，台形の面積を求める公式を表しているような感じだったけど【3】では，台形ではなく，三角形の面積を求めている式みたいな感じだったので，結局これは何の式なのか気になります。
何かがa個あります。それをb個に増やしました。何倍ですか？これに数を当てはめて考えたい。
a×bを表す図は何ですか？
言葉や記号を使って何かの形の面積を求める。
わかりません。
どうやって図形の面積を求める文字式を正しく読み取れるのか。
もっと考えたいことは，ぼくはこういう例文を他の人と作り合って考え合いたいと思います。
（a＋4）×b÷2の式は自分が答えたもの以外にも使えるのか？
台形の面積の求め方で，なぜ台形の面積が出るのか。
この少ない式とかから読み取れることは他に形があるのか。
どうやって図形の面積を求める文字式を正しく読み取れるのか。
このaが0の場合は考えられる図形が限られてくるのでそういうところはどのようなところから図形を考えることができるのか気になりました。
正方形や長方形もできそう。

　そして，問いを提出し，誰もがその問いをみられるようにしました。

| 4番の問題はひし形と三角形のどちらでもいけるのではないのか？

5月14日 14:10 | この式に当てはまる他の公式などはあるのか？無いとしたら、台形なのか？

5月14日 14:11 | 6班
図形の面積と文字と式には、どのようなつながりがあるのか
5月14日 14:12 | 5×a÷2の式の謎を解読せよ

5月14日 14:12 |
| 1班
aとbを使っていろいろな形の式を求めるにはどうすればいいのか
5月14日 14:15 | 様々な文字式を使って、図形の面積を求めることができるのか？

5月14日 14:37 | 様々な文字式を使って、図形の面積を求めることができるのか。
5月14日 14:38。 | 問い
図形の面積と文字式にはどのような関係があるのか？
5月14日 14:42　1/2 |

❸ グループごとに考える

グループごとに考える時間を設けました。

❹ 他のグループと交流する

　グループの１人が残り（残った１人は自分のグループの考えを説明する），残りのメンバーは違うグループに行き，

「自分たちのグループの考えがより深まるように情報を集めてごらん」

と言い，活動を行いました。本校は教室の壁がホワイトボードになっています。ホワイトボードを使っているグループもあれば，ノートで自分の考えを書いたうえで話し合っているグループや，タブレット端末をみせながら話し合っているグループがあったりと，それぞれのグループが自分たちで学び方を選択して，取り組んでいる姿がありました。また，グループで考え，１人で考え，またグループで考えたりしているグループもありました。

❺ 自分のグループで再度話し合う

　❹で集めたグループの情報をもとに，自分のグループで再度問いについて考える時間を設けました。

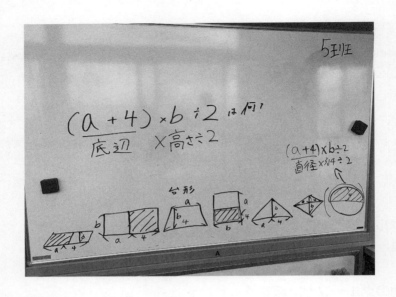

❻ まとめる

自分たちのグループの考えをまとめました。

❼ 振り返る

「文字式を使うよさとは何か」という視点で，振り返りを書きました。

パターン３　家庭学習で動画をみる ‥‥‥‥‥‥‥‥‥‥‥‥‥‥‥

　授業の解説動画を先にみておくという取り組みです。反転授業の実践を参考にしました。この動画は，私が一方的に説明をしている動画です。７〜８分の動画です。中田敦彦さんの YouTube 大学をかなり意識しました。

　もともと家庭学習で取り組む予定でしたが，2021年４月下旬，緊急事態宣言が出たため，本校では３度目のオンライン授業と対面授業を組み合わせる分散登校が始まったという背景がありました。

　動画をみて終わりではなく，Google Form で，以下のようなこと（次ページ参照）に取り組むということまでをセットにしました。

　合言葉は，本時における見方・考え方や大切な考え方や言葉を合言葉として，動画のなかで話をしようと考えました。

　正直な話，最初は「動画だけでは，みない子もいるのではないか」と思い，動画をみたということを確認するために，Google Form を添付しました。

授業の途中で出てきた「合言葉」を書いてください *
記述式テキスト（短文回答）

みんなの身の回りのある「平均」を思いつく限り書いてください
記述式テキスト（短文回答）

　しかし，事前に聞いておくことで，次の授業の冒頭には，「身の回りにある平均」についての話題からしっかりスタートすることができたり，合言葉を聞くことで，子どもたちが授業でその合言葉を使ったりするといった嬉しい誤算もありました。

諸事情で１クラスは動画配信

動画は，

・自分のタイミングで取り組むことができる

・何度もみることができる

・わかりやすい

といった子どもたちからのフィードバックもありました。

2 デジタル振り返りの可能性

振り返り

今日の学びで大切なことは

今日の学びとこれまでの学習で似ていることは

今日の学びをどう活用・発展できそうですか

　1つ目は，本時の学習について振り返ることで，本時の学習の見方・考え方を子どもたちによって明らかにすることができるのではないか，

2つ目は，これまでの学習を振り返ることで，子どもたち自身で「統合」することができないか，

3つ目は，子どもたち自身で「活用・発展」させることができないか

ということをねらいとしています。

３つの視点があることで，子どもたちは「〜が楽しかった」「〜がおもしろかった」といった情意面の振り返りはなくなります。

　特に，２つ目，３つ目は統合，活用，発展ということで深い学びにつながるのではないかと考え，行っています。

　ノートにこの３つの視点で書かせたらよいのではないかと思われる方もいることでしょう。しかし，デジタル振り返りには，教師にとっても，子どもにとっても５つのよいことがあります。

❶　どこでもみることができる

　子どもは家庭でも学校でも，どこでもいつでもみることができます。

　そして，教師も同様です。これまでの紙媒体だと，紙を集めたり，ノートを集めたりする必要がありました。そのため，子どもたちの振り返りをみるときには，教室や職員室で１度にみるといったように，「時間や場所」が制限されていました。

　しかし，タブレット端末上でみることができるデジタル振り返りでは，ノートや紙を持ち運ぶ必要がないため，どこでもみることができます。また，ちょっとした隙間時間にみることができます。

❷　比較しやすくなる

　ノートのようにめくり返すことなく，一目で一画面上でみることができます。それをみながら次の学習に取り組めるため，以前の振り返りと今日の振り返りを比較しやすくなります。

　まとめや振り返りを次の学びにどう活かしていくかが大切です。

❸　振り返りのアウトプットが簡単

　子どもに紹介したい振り返りがあれば，子どもの文をそのままコピペすれば，次ページの画像のようなものを簡単・すぐに作り出すことができます。紙であれば，パソコンを開いて，その子の文を打つといった作業になってい

ましたが，格段にデジタル振り返りの方が時間も短縮することができます。
短時間でできるため，継続した取り組みにもなります。

振り返り０４１５

今日の学びをどう活用・発展できそうですか

- 4桁の場合はどうなるかな
- 色の組み合わせ方
- 情報の多い問題ではさらに整理することが大切になってくる
- 整理しにくい問題が出たとき、自分で勝手にきまりをつけてしっかり整理することができる。

子どもたちに配付したデジタル振り返り

　子どもたちははじめ，「今日の学びをどう活用・発展できそうですか」ということを書くことに難しさを感じていました。そこで，子どもたちの振り返りから抜粋したものを提示することで，どのような内容を書いたらよいのか，子どもたちも理解することができます。場合によっては，教師の言葉より子どもたちの言葉の方が理解しやすい場合があります。

❹ 色を変えて提出

　165ページで紹介した振り返りだけでなく，問いづくりのときに使用している6つの視点を使い，その色に合ったカードを子ども自身で選択し，振り返りを書き，提出するようにしていることもあります。子どもたちがどう思っているのかをすぐに把握することができます。

驚き・不思議に思ったこと

疑問・よくわからなかったこと

ひっかかったこと

おもしろかった、感動したこと

わかったこと

調べたい・考えてみたいこと

【振り返り】
文字を使う良さとは何だろう。
文字式を使うことによって、わかりやすいからです。xがとxにていてわかりにくいしても文字で書かれているとはっきりわかっていいお思いました。また、□などを2かいつかうとへんだから文字式がいいとおもいます。
また、とてもコンパクトでわかりやすいから文字と式を評しく頑張っていきたいです。また、今まではわかりにくかったけどわかりやすくなりました。前までのことの応用みたいな物だからこれからの学習も頑張りたいです。今回は問題を文字式について学びました。そのおかげでも式のかんけいによって意味が違うのが面白かったです。ほかにもわからないこともあるからそれをみつけていきたいです。今回は問題を表す式と答えを出す式について詳しく学んでいきたいです
5月11日 10:05

振り返り
文字と式の良さとは
文字と式の良さとは日常生活ではあまり使われていないのだけれども、多分社会人になって来てからすごい使うかもしれないし使われていないかもしれません。僕は文字と式について苦手です。なぜかというと、説明されても意味がわからないからです。文字と式の良さとは、普通の掛け算だったり割り算だったりじゃなく特徴的な表現の仕方ができる。
5月11日 10:05

ふり返り
文字式を使うときに、「=〇〇」があると、xなどのアルファベットのところも求めることができます。なので、そこが文字式の良いところだと思います。そして、このようなことができると、その数字が表す意味の関係でわかってきます。例えば、「x+1=5」という式だったら、xに1をたしたら、5と等しい数になる、という事がわかり、その数字の関係がわかります。なので文字式はとても便利だと思いました。
5月11日 10:05

ふりかえり
「文字式」
きょうは、文字式の問題の関係と、その答えを考える学習をしました。で、関係を表したあとにその式の、x以外をすべて逆にすることで、答えを求める式ができました。で、おもったのはなんで、x以外のところを逆にすることで、もとめることができるのかな?と また考えてみたい。
5月11日 10:06

ふりかえり
私が、今日特にわかったのは、足し算引き算の関係、かけ算割り算の関係などです。もっと詳しく言うと、xを使った式をする時に、足し算は引き算引き算は足し算、掛け算、割り算は掛け算といって、色々とそこの関係を分かりました。今日やってて、1つミスをした所があってそれが、掛け算の問題をしている時、途中で式を割り算に直さないといけないのに、引き算にしてしまったんです、ミスです。次の時間に、それを、直したいです。どう直すと言うと、問題を書いてる時に思い出したり、その公式的なのを、ノートに書いといたりして、工夫します。
5月11日 10:06

文字と式の良さ
文字と式では、わかりやすく表すことができます。今日は足し算と引き算。掛け算と割り算の関係についても学びました。足し算の逆は引き算引き算の逆は足し算。掛け算の逆は割り算割り算の逆は掛け算です。
5月11日 10:06

上記の振り返りはその学級のルールで色分けしたもの

❺ 書く量が増える

子どもたちの振り返りを書く量が増えます。ノートと違い,

・すぐに消せる

・以前の振り返りと同様の文のところはコピペをすることができる

・授業中の考えをコピペすることができる

などといった取り組みやすさがあります。

「コピペするなんてどうなんだ！」「コピペなんていいの？」と思われる方もいるかもしれませんが，コピペをするために，振り返りをしています。振り返りをして，「これって，前にあったよな」という思考になっています。

2 アイデア2 振り返りを AI テキストマイニングに

子どもたちの振り返りを AI テキストマイニングで分析します。デジタルだからできることです。

6年「文字と式」の学習では，「文字式を使うよさとは何か」という視点で，すべての時間の振り返りを実施しました。

次時の授業の最初には，

「昨日の振り返りは何の文字が大きいと思いますか」

と聞き，子どもたちに前時の振り返りをさせてから，実際の AI テキストマイニングをみせます。

AI テキストマイニングから，

・数学的な見方・考え方に着目させたりすることができたかがわかる

・教師が設定した本時のねらいと児童が思考してきたことにズレがないかを確かめることができる（ズレていたら，表示される文字の大きさが小さくなる）

のではないかと考えています。

算数は他教科よりも内容の系統性が明確な教科です。基礎的・基本的な知識と技能を確実に定着させながら，それをもとに新しい学習を積み重ねて，統合，発展，活用させることが大切です。そういった学習の変化を子どもたち自身も実感することができます。

第1次の主な AI テキストマイニング

第2次の主な AI テキストマイニング

変える　分かる　できる　詳しい　　　　角形　　分かりやすい
ひく　答え　記号　レジ　　　　　　見やすい
しやすい　授業　数字　ときやすい　問題　関係　一番　早い
わかりにくい　x+　等しい　　y　　引き算　今回　便利　つかう
　　　　　　　　　　　　　　　　　　　　　学ぶ　勉強
面白い　学習　間違えにくい　X　割り算　方程式
わり算　　　　　　　　　　　　　　　　　　　出し　頑張る
しれる　いい　逆算　算　たす　文字　表す　足し算
　　四季　　　　　逆
　　いく　掛け算　求める　　　　かけ算　かける
考える　　　　　　　　　　　わかりやすい　思う　良い
難しい　　　　　　　　　　　　　　　　　　変わる
　　表しやすい　　　　　　　　　　わかる　すごい　僕
　　　少ない　書く　意味　使う　良さ　ややこしい
　　　　　　　　　　しまう　調べる

第3次の主なAIテキストマイニング

3

授業にちょっと一工夫

1 領域ごとにファイルを分けておく

　単元でなく，領域ごとにファイルを分けておきます。そうすることで，前の領域の単元との見方・考え方，学習内容などといったつながりが子どもたち自身にみえてくるのではないかと考え，取り組んでいます。

	データの活用 2021年5月4日 15:18	✓
	変化と関係 2021年5月4日 15:17	
	図形 2021年5月4日 15:17	
	数と計算 2021年5月4日 15:17	

2 学びタイム

　私の算数授業では，自分で学びを進めていく「学びタイム」という自己調整をしながら，粘り強く取り組んでいく時間を設けています。

　そのときに使用する「学びタイム計画書」です。これはこれまでにも，取り組んできた実践です（詳細は拙著『3つのステップでできる！ワクワク子どもが学びだす算数授業♪』をご覧ください）。数時間一緒に行ったものです。

学びタイム計画書

| 今日の学びで大切なことは |
| 1時間、何をするか計画しよう |
| 1時間を振り返ろう |

学びタイムは
助け合い・教えあい・プリント作り（・AI型ドリル）
「誰1人見捨てるな！」を合言葉に！

　単元で，どのようなことを計画したり，学んだりしたのかを，子どもたちも実感することができます。

　また，これに家庭学習でできる以下のようなものも一緒に添付するようにしています。本校が使用している AI 型ドリルである「navima」に取り組むときには，以下の表を書くようにします。

	月	火	水	木	金
どんなことに取り組みますか					
どうして取り組むのですか					
取り組んでどうでしたか					

　「どんなことに取り組みますか」「どうして取り組むのですか」という項目を作ったのは，自分で自分自身の問題を発見するためです。

　「取り組んでどうでしたか」は，取り組みを振り返るためです。

　このような表を使うことで，97ページで書いた「AI 型ドリルの問題点」を解消できると考えています。

３ ルーブリックづくり

　Google の Classroom を使用し，子どもたちとルーブリックを活用した実践も行っています。「Ｓ・Ａ・Ｂ」の３段階を設定するようにしています。私は「Ｓ　期待以上のライン　Ａ　合格ライン　Ｂ　最低ライン」になるように作成しています。これを評価で表すと

Ｓ……よくできる（Ａ）

Ａ……できる（Ｂ）

Ｂ……おしい（Ｂマイナス）

というイメージです。Ｂ以下は支援を要する，本時の目標を達成できていないというように考えています。

　このルーブリックは教師が一方的に提示するのではなく，子どもたちと共に作りたいものです。ただ，最初からできるわけではありません。最初は，教師の方から提示をしたり，作り方を示していったりする必要があります。

▌ **ＡはＢに加え，数学的な見方・考え方を付け加えるように作成する**

ようにしています。ただ，子どもたちには「数学的な見方・考え方」という言葉は通用しないので，「大切なキーワード・考え方は何かな」「どういう視点で考えていくのかな」といったように言葉を変換して，子どもたちに聞くようにしています。

　Ｓは，

▌ ・「他の条件のときには」といった発展的なことや，「これまでの学習と関
　連づけながら」といった統合などの深い学びを実現するためのこと

▌ ・より具体的に表現をする

▌ ・複数作る

などをＡに付け加えるようにしています。

　Google の Classroom で次の画像のようにルーブリックを作成したこともあります。

算数「縮尺」

縮図技能

縮図

S 3ポイント	A 2ポイント	B 1ポイント
縮図を正確に，より具体的に描くことができる。縮尺や元の長さを描くことができる。	縮図を正確に描くことができる。縮尺や元の長さを描くことができる。	縮図を正確に描くことができる。

円の面積

説明

S 3ポイント	A 2ポイント	B 1ポイント
どのピザの大きさも同じになることを，言葉と式を使って，具体的に説明している。また，その理由も授業で共有した「半径」「ピザの枚数」を関連づけて，新たな事例とともに説明している。	どのピザの大きさも同じになることを，言葉と式を使って，具体的に説明している。また，その理由も授業で共有した「半径」「ピザの枚数」を関連づけて，説明している。	どのピザの大きさも同じになることを，言葉と式を使って，説明している。

　次ページの画像は，子どもたちとルーブリックを作成したときの板書です。

　まずは，「Bは問題を作る」ということを提示し，さらに「Aは単元の学習を使って，問題を作る」と提示をしました。そして，単元の学習について振り返り，全体で共有したあとに，Sについて考えました（Sは子どもが書きました）。授業の最後には，自分がどれを達成したのかを明記した振り返りを書きました。

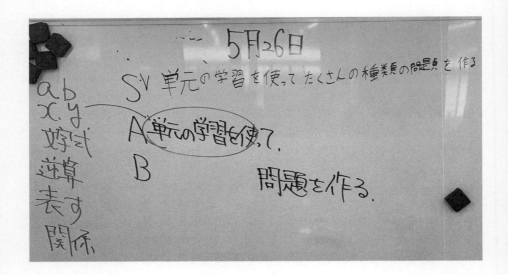

　以前，一人ひとり違うめあてを実践してきました。1人1台タブレット端末の授業では，「**子どもたち自身が選択して，決める**」ということをこれまでに書いてきました。一人ひとり違うめあてがより求められると考えており，現在1人1台タブレット端末の授業バージョンを実践中です。

　一人ひとり違うめあてなんか，無理ではないかと思われるかもしれませんが，

▎**前半は全員共通，後半は各自で作成**

するということを行えば，全員が一人ひとり違うめあてになります。

　例えば，

▎**「平行四辺形の求め方について考え，（　　　　　　）」**

といったように「〜について考え，（　　　）」という型で取り組むのが1番わかりやすいです。

　（　　　）には，

- ・まとめる
- ・理解する（わかるようになる）
- ・相手に伝える
- ・わからない子のサポートをする
- ・違う平行四辺形の場合も考える
- ・三角形の求め方と比べる

といったことをあてはめることができます。（　　　）にあてはめ，自分の
めあてを作成したあとは，自分がたてためあてを周りと交流して取り組むと
より効果的です。

　もちろん最初は，（　　　）にどのようなことをあてはめたらよいのかを
子どもたちに伝えます。また，めあてを作成するときには，前時の振り返り
を参照しながら取り組ませると，「違う平行四辺形の場合も考える」「三角形
の求め方と比べる」といった統合，発展，活用などの深い学びにつながるめ
あてを自分でつくり出す子も出てきます。

　これまでの内容のめあてだけでなく，非認知能力もめあてに付け加えるこ
とが有効ではないかと考えています。

5　小テスト

　授業の最初や最後に数分程度の小テストをするときに，

テストを配信　→　提出後すぐに採点　→　返却

ということを行っています。紙を配付して，集めて，返却することよりもは
るかに短い時間で取り組むことができます。間違い直しもすぐに，提出をし
てもらい，採点することができます。

　テストは Keynote や PowerPoint で作成しています。数分で作成する
ことができます。

6 単元表を子どもたちに配付

　宗實直樹氏の実践を参考に，次ページの単元表を作成し，子どもたちに配付をしています。

1段目……単元最後に取り組む課題を単元前に取り組みました。

2段目……毎時間ごとではなく，○次ごとに作成しています。ここに思考してきたことを載せるようにします。また，タイトルは【買い物で文字と式】というように，その次でどのようなことを学習するのかを書くようにしています。

3段目……毎時間の振り返りを書いたものを置いておきます。

4段目……単元最後に取り組む課題です。

　この単元表は，学習を構造化させながら，単元を進めていくことをねらいとしています。

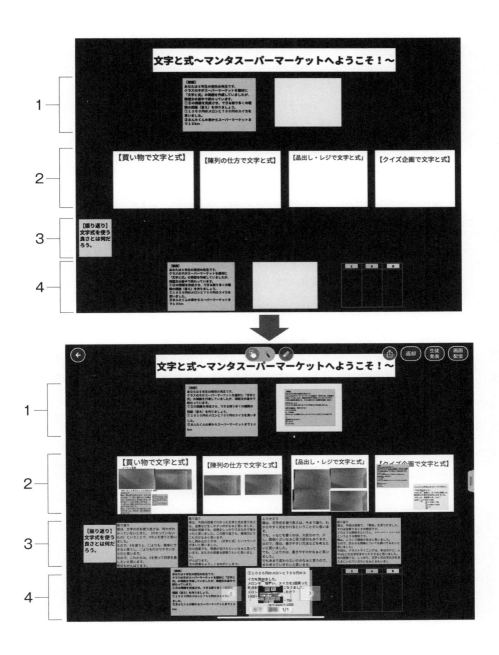

【参考・引用文献】

・樋口万太郎『GIGA スクール構想で変える！１人１台端末時代の授業づくり』明治図書，2021

・樋口万太郎・宗實直樹・吉金佳能『GIGA スクール構想で変える！１人１台端末時代の授業づくり２』明治図書，2021

・中原忠男『算数・数学教育における構成的アプローチの研究』聖文社，1995

・細谷功『具体と抽象―世界が変わって見える知性のしくみ』dZERO，2014

・片桐重男『数学的な考え方の具体化』明治図書，1988

・片桐重男『数学的な考え方の具体化と指導』明治図書，2004

・古藤怜・新潟算数教育研究会『算数科多様な考えの生かし方まとめ方』東洋館出版社，1990

・堀裕嗣『アクティブ・ラーニングの条件』小学館，2019

・文部科学省「小学校学習指導要領（平成29年告示）」総則

・文部科学省「小学校学習指導要領（平成29年告示）解説　総則編」

・樋口万太郎『３つのステップでできる！ワクワク子どもが学びだす算数授業♪』学陽書房，2021

・樋口万太郎『子どもの問いからはじまる授業！』学陽書房，2020

・樋口万太郎『これでどの子も文章題に立ち向かえる！算数授業づくり』学陽書房，2019

・樋口万太郎『そのひと言で授業・子供が変わる！算数７つの決めゼリフ』東洋館出版，2019

・深沢真太郎『数学的思考トレーニング―問題解決力が飛躍的にアップする48問』PHP 研究所，2021

・日本数学教育学会出版部（編著）『算数教育指導用語辞典　第四版』教育出版，2009

・教育時評

・『授業力＆学級経営力』編集部（編）『ICT ×算数　GIGA スクールに対応した１人１台端末の授業づくり　小学校』明治図書，2021

・石井英真（監修），秋山貴俊・長瀬拓也（編著）『ゼロから学べるオンライン学習』明治図書，2020

・樋口万太郎『これから教壇に立つあなたに伝えたいこと』東洋館出版社，2021

- 『授業力＆学級経営力８月号』明治図書，2021
- 工藤勇一・青砥瑞人『最新の脳研究でわかった！自律する子の育て方』SB新書，2021
- 石井英真（監修），宍戸寛昌・長瀬拓也（編著）『失敗から学ぶ！―これからの教師のための思考法』東洋館出版，2021
- 『新しい算数研究３月号』東洋館出版社，2020

【参考・引用サイト】

- こどもまなび☆ラボ
  https://kodomo-manabi-labo.net/piaget-psychology
- 令和２年度東京大学学位記授与式総長告辞
  https://www.u-tokyo.ac.jp/ja/about/president/b_message02_10.html
- 教材機能別分類表（文部科学省）
  https://www.mext.go.jp/a_menu/shotou/kinou/011101/001.htm
- 教材教具（コトバンク）
  https://kotobank.jp/word/ 教材教具 -1524586
- 情報活用能力を育成するためのカリキュラム・マネジメントの在り方と授業デザイン―平成29年度　情報教育推進校（IE-School）の取組より―
  https://www.mext.go.jp/component/a_menu/education/micro_detail/__icsFiles/afieldfile/2019/01/28/1400884_1.pdf

おわりに

　本書をお読みいただき，ありがとうございました。

　本書は，「〇年・単元〇〇・〇時間目のタブレット端末を使用した実践例」の数は多くはありません。しかし，その代わりに，算数科における１人１台タブレット端末の授業を行うためのポイントについて提案をしてきました。

　ある研修会の講師として参加したとき，最初に担当の方から「豊富な実践をお持ちの〜」といった紹介がありました。しかし，そのあとに「豊富な実践はありません」と私は言い直しました。１人１台タブレット端末の授業を本格実施し，３年目です。実践の数は揃ってはきているものの，より多様な実践や全学年，全領域を網羅しているかといえば，まだ豊富だと胸をはって言えるほどの数はありません。

　しかし，本書で提案してきた「算数が１人１台端末の授業を行いづらい」理由からみえてきたこと，１人１台タブレット端末の授業を行うためのポイントなどがわかっているため，これから先も１人１台タブレット端末の算数授業の実践を数多く生み出すことができると考えています。そして，より高次な実践を生み出すことができるのではないかとワクワクしています。

　日々，「このようなことに取り組んだらどうか」と考え，それを試し，振り返りをする。そんなサイクルを回し続けている日々です。正直な話，うまくいったと思うことよりも，失敗した・改善点が多くみつかったといったことの方が圧倒的に多いです。しかし，そういったことを考えるのが楽しく，日々ワクワクしながら，算数授業について考えています。だから，みなさんも楽しみながら，ワクワクしながら，実践していきませんか。

　最後になりましたが，企画をいただいたときからあたたかく見守っていただき，出版に至るまでお力添えいただきました明治図書の及川誠氏，西浦実夏氏には大変お世話になりました。この場を借りて心よりお礼を申し上げたいと思います。

樋口　万太郎

【著者紹介】

樋口　万太郎（ひぐち　まんたろう）

1983年大阪府生まれ。大阪府公立小学校，大阪教育大学附属池田小学校を経て，京都教育大学附属桃山小学校に勤務。教職17年目。「子どもに力がつくならなんでもいい！」「自分が嫌だった授業を再生産するな」「笑顔」が教育モットー。

日本数学教育学会（全国幹事），全国算数授業研究会（幹事），関西算数授業研究会（会長），授業力＆学級づくり研究会（副代表），「小学校算数」（学校図書）編集委員。

〔著書〕

『GIGA スクール構想で変える！1人1台端末時代の授業づくり』

『クラス全員をアクティブな思考にする算数授業のつくり方―14のステップで教材開発＆授業展開のしかけづくり―』

〔共著〕

『GIGA スクール構想で変える！1人1台端末時代の授業づくり2』

〔共編〕

『THE　算数・数学科授業開きネタ集』（以上明治図書，ほか多数）

GIGA スクール構想で変える！
1人1台端末時代の算数授業づくり

2021年10月初版第1刷刊　Ⓒ著　者　樋　口　万　太　郎
2022年3月初版第2刷刊　　発行者　藤　原　光　政
　　　　　　　　　　　　発行所　明治図書出版株式会社
　　　　　　　　　　　　http://www.meijitosho.co.jp
　　　　　　　　　（企画）及川　誠（校正）西浦実夏
　　　　　〒114-0023　　東京都北区滝野川7-46-1
　　　　　振替00160-5-151318　電話03（5907）6703
　　　　　　　　　　　ご注文窓口　電話03（5907）6668
＊検印省略　　　　　組版所 中　央　美　版